잡지로 그림을 배우다

DRAW.

self learning magazine

인스타그램 메뉴 QR코드에서 스캔하시면
Magazine_Draw를 팔로우 할 수 있어요.

01
volume

COFFEE

Coffee is

이 세상에 소파, 책, 그리고 커피 한 잔보다
더 럭셔리한 게 또 있을까?

*What on earth could be more luxurious
than a sofa, a book, and a cup of coffee.*

– Anthony Trollope

illustrator Oh Jeong soon

나는 지금 설레고 싶다

촌스러운 이름,
버거운 일상,
불안한 미래,
하지만 계속 두근거릴 줄 아는 김은순으로 살고 싶다.

- 조남주 / 그녀 이름은 -

누구나 해야 할 일을 하며 살아가고, 하고 싶은 것을 마음에 두고 산다.

나는 그리는 것을 좋아했다. 그리고 20대가 되어 전공을 선택할 때 나는 취업을 위해 회화과가 아닌 디자인과를 선택했다. 그래서일까 나의 사회생활은 하루하루가 경제적 안정을 위한 바쁜 일상의 연속이었다. 하지만 그 속에서도 여유로운 시간을 가지려고 애썼다.

늘 반복되는 일상, 그리고 많은 시간이 지나면서 이제는 나 자신에게 시간을 내어주고 싶어졌다. 나이가 들면서 오는 마음의 여유일까? 아니면 조금은 업무에 익숙해져 생기는 시간적 여유 때문일까? 이제는 내가 하고 싶은 일을 조금씩 해보기로 했다. 다시 컴퓨터를 살짝 밀어내고 연필로 그림을 그리기 시작했다. 그리고 가슴 벅참을 느끼는 날이 많아졌다. 내가 이렇게 나의 일에 설레던 적이 있었던가? 라는 생각을 하는 날이 많아졌다. 설레고 있었고, 또 매일 설레고 싶어졌다. 해보고 싶은 것과 정말 하고 싶은 것을 하면서 그 속에서 설레는 그 순수한 감정이 바로 행복이 아닐까?

매거진 <DRAW>의 첫 번째 주제는 '커피'이다. 커피는 항상 우리 주변 가까이에서 우리에게 휴식과 힐링을 준다. 그래서 당신이 무언가를 하고 싶을 때 한잔의 커피처럼 매거진 <DRAW>가 당신에게 휴식과 힐링 그리고 배움의 설렘을 주었으면 좋겠다. 당신 가까이에 있는 테이블 위에서 따뜻하게 당신을 위로하는 한잔의 커피처럼 당신의 테이블 위에 매거진 <DRAW>를 올려두고 무언가 시작해 보자. 그 시작에 여러분들도 설레는 시간을 가져볼 수 있기를 기대해본다.

편집장 **오정순**

아틀리에 창가에서 커피를 만나다

나의 작업실에는 커다란 창이 있다.
그 창 너머에는 숲으로 가는 돌계단이 있다.
작업에 몰두하다보면 그 창이 내게는 벽과 다를게 없다.
그러다 커피 한잔을 들게 되면 내 앞에 창이 있다는 것을 알게된다.
창너머에는 시간마다 변하는 것들과
빛이 닿는 곳곳이 자연의 많은 색들로 아름답게 어우러진다.

Atelier

(예술가들의) 작업실, 화실, 아틀리에 (=studio,workshop)
A room where an artist works

내 작업실에는 항상 사람들이 찾아온다.
그들과 차를 마시며 이야기 하다보면 그 큰 창은
하나의 풍경화가 그려진 작품이 되고
우리는 그것을 감상한다.

내 앞에 있는 이 공간에서 나는 그림을 그린다.
작업실의 큰 창은 나에게 많은 이야기와 소재를 제공해준다.

아틀리에에서의 시간
커피를 마시고 그림을 그리고

나의 작업실은 나의 사적인 공간에 있다.
일을 하다 잠이 들어 다음날 깨어나 보면
여전히 작업대에는 작업 중인 그림이 있었고,
피곤한 일상은 계속 쌓여만 갔다.
하지만 지금 생각해보니 장소의 문제가 아니었다.
내가 일에 익숙하지 못한 시기였다.

이제는 내 일이 어느 정도 자리를 잡아가고
이 공간은 작업하는 시간과 사적인 시간이 차츰 분리되어가고 있다.
나의 작업실에는 그림, 음악 그리고 커피가 적절하게 관계를 이루어가며
엉켜있던 실타래가 풀려 꼼꼼히 짜이듯이 나의 시간도 그처럼 완성되어가고 있다.

밖에서의 내 모습은 아주 독립적이다.
하지만 나만의 아틀리에 이곳에선 실수를 해도 아무도 모를 것이고,
이곳에선 내 작업에 만족해 나 스스로 도취에 빠져도 아무도 모를 것이고,
이곳에선 나 스스로 풀리지 않는 내 작업에 변명을 늘어 놓고,
누구를 욕해도 아무도 모를 것이다.
내가 한없이 게으르게 사는 것도 아무도 모를 것이고,
내가 아직 미숙해서 여전히 성장하고 있다는 것도 아무도 모를 것이다.
나 자신에게 솔직해지는 이 공간이 나에게는 가장 평온한 곳이다.

아틀리에에서
커피를 마시는
시간은
나 자신과 만나는
유일한 시간이다

아틀리에에서
고즈넉한
저녁시간
나는
커피로 하루를
시작한다.

자유로울것 같은 작가의 하루에는 나름 규칙이라는 것이 있다.
작업대에도 작가마다 저마다의 규칙과 질서가 있다.
그 속에서 작업이 이루어지고, 그속에는 작업을 통해 피로해진
자신을 다시 회복시키는 무언가가 있다.
그것이 커피 한잔이라면…

Drawing Class

누구나 작가가 될 수 있다.
바로 지금 연필을 들고 따라 해보자.
지금
그리는 당신은 작가다!

Coffee Drawing

수채화
색연필
아크릴
마카
오일파스텔
펜화

스케치가 어려우신 분들은
QR코드로 접속하여 스케치를 다운로드 받으세요.

DRAW.

watercolor

하얀 종이 위에 물감과 물이 섞이고, 색감과 색감이 섞이고
그것이 마르는 과정을 가슴 설레게 지켜보자.
잘 그리지 않아도 자연스러운 것만큼 아름다운 것은 없다.

수채화로 그리다

일러스트레이터 숙헌

수채화 재료설명

연필

H 계열은 심이 딱딱하고 선이 연하다.
(HB, H, 2H, 3H, 4H …)
B 계열은 심이 부드럽고 선이 진하다.
(B, 2B, 3B, 4B …)
- 본 강좌에서는 스케치할 때 2H를 사용

붓

빽　붓 : 큰 납작붓 형태의 붓으로 넓은면을 채색할 때 사용한다.
납작붓 : 넓은면, 직선으로 된 면을 채색할 때 사용한다.
둥근붓 : 사이즈에 따라 넓은 면에서 세밀한 부분까지 활용도가 높다.
(세필둥근붓은 디테일한 부분에 사용함)

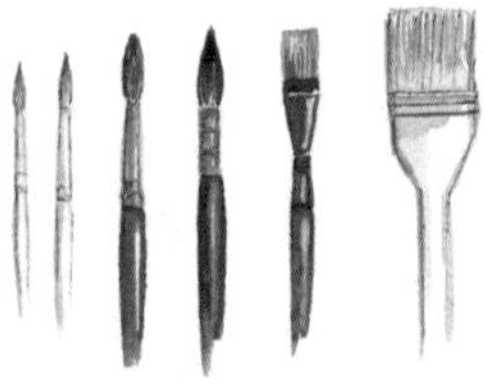

투명수채물감

초보자인 경우 구하기 쉽고, 적당한 가격의 물감인 신한 30색을 사용해보자.
많이 사용하는 외국 제품으로는 홀베인(HWC), 윈저앤뉴턴 (WINSER & NEWTON)이 있다.

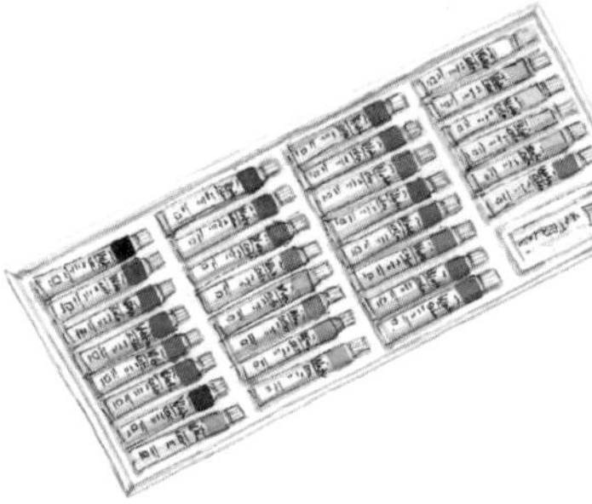

파레트

내가 가진 물감 수량보다 많은 칸이 있는 파레트를 사용한다.
튜브용 물감을 파레트에 먼저 짜 놓은뒤 건조후에 고체형으로 물을 섞어 가며 사용하면 용이하다.
(파레트에서 물감을 섞고 사용한 뒤에 남은 물감은 파레트에 물을 묻혀 화장지나 매직폼 스펀지로 닦아 제거한다.)

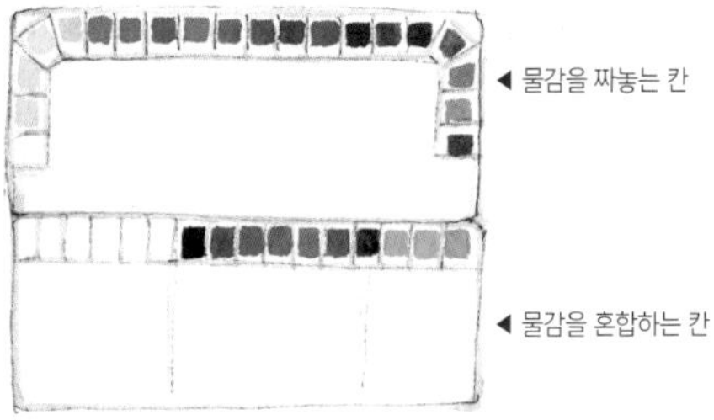

수채화 용지

- 황목(러프지) : 종이 결이 거칠다.
- 중목(콜드프레스지) : 종이 결이 적당하게 부드러워 일반적으로 많이 사용한다.
  - 본 강좌에서는 중목 300그램을 사용했다.
- 세목(핫프레스지) : 종이 결이 거의 없고 매우 부드럽다. 수채화에 색연필이나 펜을 사용할 때 많이 사용되는 종이다.
  (주의) 채색할 때 종이가 부드러워 물감이 뜨는 현상이 조금 생겨 얼룩이 생기기 쉽다.
- 고급수채화용지 : Cotton 100% (면 100% 종이)
  비싼 가격, 수분 흡수가 크고 번짐 효과도 크다.
  수채화의 효과를 느끼기에는 좋다.
- 일반수채화용지 : 면이 일부만 함유되어 있고, 저렴한 가격
  수분 흡수가 낮고 번짐효과가 작다.

* 수채화는 물을 많이 사용하므로 수채화 용지는 두께감이 있는 것이 좋다.
중량은 180g, 280g, 300g을 많이 사용한다.

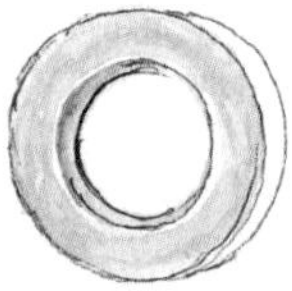

마스킹테이프

그림을 고정시킬 때는 마스킹테이프를 사용한다.

화이트 젤리펜

짙은 채색 위에 화이트로 포인트가 필요할 때 사용

수채화 채색기법

물 조절에 따른 색 농도 조절

물의 양에 따라 물감을 희석시키면 색의 농도가 짙어지거나 약해진다.

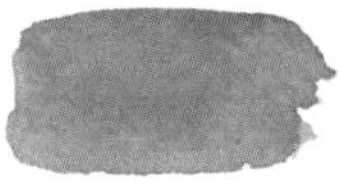

물이 적은 경우

물이 조금 많은 경우

물이 많은 경우

그라데이션

물농도에 따라 색의 진하기 표현

Wet-into-Wet(웨트 인투 웨트)

종이를 물로 적신 후 젖은 종이 위에 채색
자연스럽게 번지면서 색이 섞이는 이 효과는
투명수채화의 특징이라 할 수 있다.

Wet-into-Dry(웨트 인투 드라이)

마른 종이 위 또는 채색이 마른 후 위에 다시 채색을 올리는 방법 (글레이즈나 덧칠하는 기법)
이 기법은 명도를 변화시키고, 색의 채도(선명도)와 투명함을 더할 수 있다.

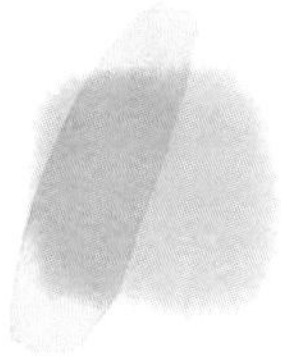

채색된 표면이 건조된
다음 그 위에 덧칠
(글레이즈)

건조된 채색 표면 위에
같은 색으로 덧칠
(색의 농도가 짙어짐)

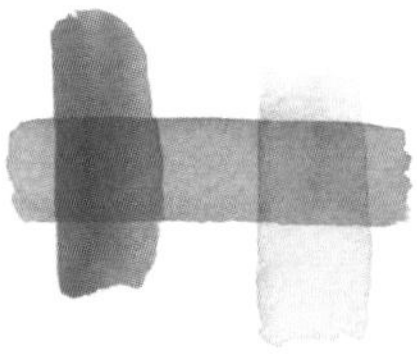

건조된 채색 표면 위에 다른 색을 덧칠
다양한 혼합을 통해 색의 변화, 명도,
채도의 변화를 표현해본다.

수채화 초급 따라하기

물의 양과 물감의 농도에 따라
번짐의 효과가 원하는 대로
나오지 않더라도
책에 있는 그림과 자신이
연습하고 있는 그림의 채색이
다르게 표현되더라도
수채화는 자연스러운 것이
가장 좋은 표현입니다.
자신 있게 연습하세요.

417	422	430	407	408	428	426	410
VANDYKE BROWN	ORANGE	OPERA	BROWN	VIOLET	EMERALD GREEN HUE	BROWN RED	VIRIDIAN HUE

1 연필(H,2H)로 위 그림을 보고 스케치 합니다.
그림의 외부에 적당하게 마스킹 테이프를 붙입니다.

2 커피잔을 제외한 배경에 417번(VANDYKE BROWN),
422번(ORANGE), 430번(OPERA)을 섞은 후 배경색을 채색합니다.

3 407번(BROWN)색을 배경에서 그림처럼
커피잔 아래 일부분을 채색해줍니다.

4 커피잔의 그림자를 408번(VIOLET)
색으로 채색해줍니다.

5 커피잔에 408번(VIOLET)과 428번(EMERALD GREEN) 색을
섞어 만든 색을 그림처럼 컵과 손잡이 부분에 채색해 줍니다.
(색을 만들 때 VIOLET색 양을 더 많이 하고, 물의 양을
많이 하여 색을 섞어 옅은 색을 만듭니다.)

6 426번(BROWN RED)과 410번(VIRIDIAN HUE)
색을 섞어 만든 색을 커피 부분에 채색해 줍니다.
(색을 만들 때 BROWN RED를 더 많이 섞고,
물이 양을 아주 적게 합니다.)

7 그림처럼 408번(VIOLET) 색으로 커피 잔 왼쪽 외곽에
흰부분까지 모두 채워서 채색합니다. (물농도)
손잡이도 그림을 보시고 채색해 주시면 됩니다.

Tip. 물로 씻은 붓의 물기를 살짝 닦은 후, 커피 잔의 두가지
색이 겹치는 중앙부분에 그림처럼 살짝 닦듯이 문질러
보세요. 색이 지워지며 자연스럽게 두 색이 연결됩니다.

수채화 중급 따라하기 1

1 컵 전체 채색
자연스러운 얼룩을 즐기면서
컵 전체를 채색해 보세요.

2 커피 채색
자연스러운 얼룩을 즐기면서 커피를 채색해 보세요.

3 글자 그리기
세필붓 2호를 사용하여 MATISSE 글자를 그려보세요.

4 마티스 얼굴 그리기
화이트 젤리펜으로 얼굴을 그려 보세요. (마티스는 야수파 화가이므로 똑같이 그리지 않아도 됩니다. 개성이 중요하니까요!)

1 컵의 실루엣을 그립니다.

세필붓 2호 사용

Orange + Red

물농도를 높게해서
연한 색을 만든다.

2 그림자 채색

Vandyke brown

물농도를 높게해서
연한 색을 만든다.

3 영문 필기체를 그립니다.

세필붓 2호 사용

Violet + Black

Black은 물농도를
적게해서 만든다.

4 하트와 커피 채색

Crimson Lake

Brown Red

수채화 중급 따라하기 2

1 그림을 참고해서 스케치 하기

2 컵과 접시 채색하기
(물농도 높여 💧💧💧 옅게 채색)

3 컵의 그림자 채색하기
(물농도 중간 💧💧)

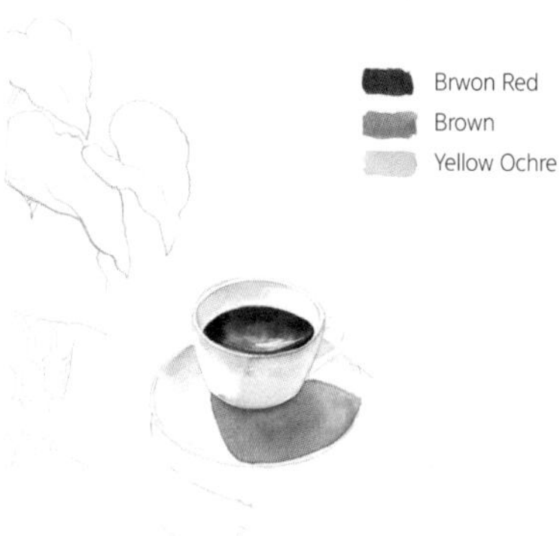

4 3가지 색상을 물이 마르기 전에 경계선에서
섞어 그라데이션으로 커피를 표현한다.

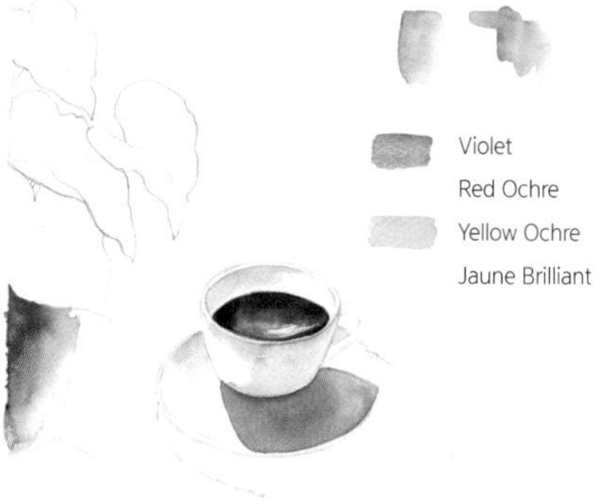

5 4가지 색상을 혼합하여
화병의 바탕 색칠하기

Yellow Ochre
Olive Green
Cerulen Blue

6 Yellow Ochre 색으로 잎의 밝은 부분을 칠하고, Olive Green과 Cerulen Blue를 섞어 물의 농도를 달리하여 두가지 색을 만들어 잎을 색칠한다.

7 화병의 육각형 무늬를 Black과 Prussian Blue를 섞어서 색칠하기

Black
Prussian Blue

8 화병과 커피잔 아래 그림자 스케치 안쪽으로 붓으로 물칠을 한 후에 그 위에 물이 마르기전에 아래 색들을 자유롭게 혼합해서 채색한다.(얼룩이 지거나 위 그림처럼 되지않더라도 물감이 자연스럽게 번지는 효과를 느껴보자.)

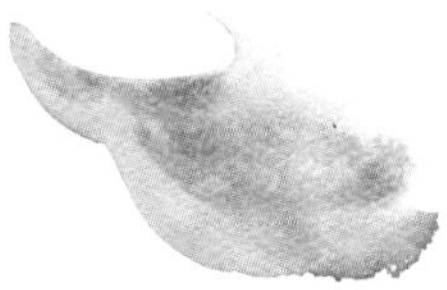

\+ + =

418

428

Opera	Violet	Orange	Cobalt Blue	Emerald Green	Yellow Ochre	Olive Green	Cerulen Blue	Black	Prussian Blue	Brwon Red	Brown
430	408	422	418	428	413	420	415	402	409	426	407

스케치가 어려우신 분들은
QR코드로 접속하여 스케치를 다운로드 받으세요.

DRAW.

colored pencil

카페에서 커피를 마시는 이 시간에 그림을 그리고 싶다.

색연필로 그리다

일러스트레이터 오정순

Virginia Woolf
MRS. DALLOWAY
Virginia Woolf MRS. DALLOWAY
HBS

색연필 재료설명

색연필은 초보자가 그림을 채색하기에 쉽게 시작할 수 있는 도구 중의 하나이며, 휴대하고 다니기에도 좋은 재료입니다. 색연필은 수성 색연필과 유성 색연필로 나누어집니다. 수성은 말 그대로 물과 만나서 채색할 수 있는 색연필로 채색 후 물을 묻히게 되면 수채화처럼 표현할 수 있는 장점이 있습니다. 유성 색연필은 물과 섞이지 않는 성질로 색연필의 질감을 살리며 수채화와 함께 사용하기도 합니다. 그리고 유성은 오일 성분의 부드러운 질감이 특색으로 채색할 때 색연필의 색들이 잘 섞이는 경향이 있습니다.

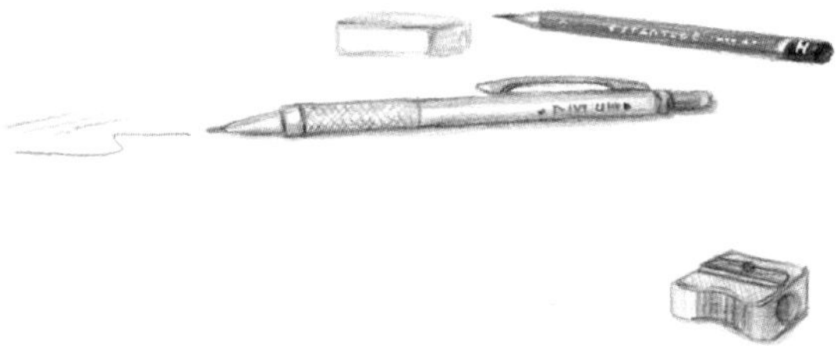

색연필

프리즈마 유성 색연필 48색

연필(H,2H) , 칼라 샤프

흑연필은 심가루가 색연필에 묻어날 수
있으므로 연한 연필이나 칼라심
샤프(붉은색)를 사용해도 좋다.

색연필 깎이

색연필 전용 연필깎이를
사용하는 것이 좋다.
일반 자동 연필깎이를 사용하면
색연필이 길게 깎이는 경향이
있어 빨리 닳게 된다.

마카 블렌더

색연필 블렌더

찰필

블렌더(무색), 찰필

색연필 주변 도구로 마카 블렌더, 색연필 블렌더, 찰필 등이 있다. 블렌더는 무색이므로 색이 추가되지 않고 기존 색의 가장자리를 부드럽게 하거나 두 가지 색의 경계선을 자연스럽게 혼합할 때 쓰이기도 한다. 찰필은 색연필의 터치를 부드럽게 한다. 색연필 블렌더는 살짝 부드럽지만, 색연필의 질감이 있고, 마카 블렌더는 질감을 최소화하는 블렌더이기 때문에 금속, 유리 재질 등 아주 매끄러운 표현 효과에 적합하다.

블렌더로 눈썹을 부드럽게 표현한 예시

블렌더를 이용해서 사물의 광택을 표현한 예시
왼쪽-연필블렌더, 중앙-색연필, 오른쪽-마카블렌더

용지

결이 곱고 매끄러운 종이(세목)나 모조지, 켄트지를 사용한다.
종이 결이 거칠면 색연필의 가루가 날릴 수 있다. 색연필화를 할 때는 브리스톨 종이를 많이 사용한다.
* 반드시 색연필용 전문 용지를 쓸 필요는 없다. A4용지나 일반 스케치북을 사용해도 괜찮다.

스케치북 종류

세르지오 색연필화 스케치북

파브리아노 브리스톨

캔손 XL브리스톨

색연필 연습하기

필압

색연필의 힘 조절, 그리는 힘의 강도에 따라 선의 명도(진하기) 조절

색연필의 필압에 의한 선 드로잉 : 색연필의 심이 종이에 닮는 정도에 따라 선의 굵기를 조절하며 드로잉할수 있다.

필압에 따른 면 채색

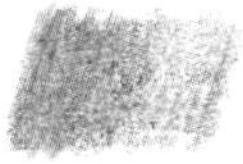

필압을 약하게

색연필을 길게 눕혀서 그리거나 힘을 약하게 주어 그린다. 선 드로잉이나 채색이 연하게 되고 다른 색을 얹어 겹쳐서 채색되는 효과를 만들 수 있다.

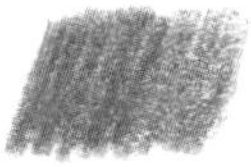

필압을 강하게

색연필을 짧게 세워서 그리거나 힘을 주며 그린다. 선 드로잉이나 채색이 진하게 되고 다른 색이 겹쳐서 칠하게 되면 채색이 진하게 되고 색이 혼색되는 효과가 있다.

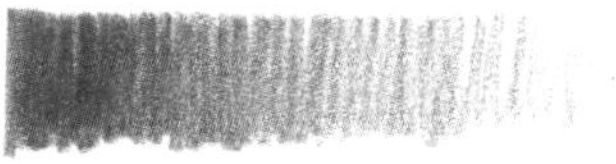

필압을 이용한 그라데이션

스트로크

스트로크는 색연필이 종이 위에 지나가며 생기는 선의 길이나 흔적을 말한다. 색연필의 질감은 스트로크의 차이에 따라 느낌이 달라진다. (선의 간격 차이로 스트로크가 약하게, 선이 여러 번 겹쳐서 스트로크가 강해지기도 한다.)

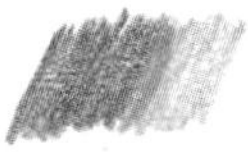

스트로크가 약할수록 색은 연하고 부드럽다.

스트로크가 강할수록 색은 선명하고 진해진다.

명암채색

사물을 입체적으로 보이게 채색하려고 한다면 꼭 명암을 표현해야 한다. 명암을 표현하기에는 크로스 해칭 방법을 가장 많이 선호한다.

해칭

나란히 긋는 선을 해칭이라 한다.

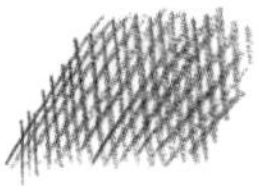

크로스 해칭

선을 수직이나 사선으로 교차 반복해서 긋는 방식

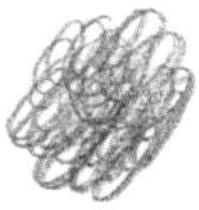

스퀴글(squigle)

자유로운 곡선을 이용해서 채색

패더링(feathering)

짧은 선을 같은 방향으로 겹쳐가며 채색

크로스 해칭을 이용한 그라데이션 (명암이나 입체감을 표현)

색연필 초급 따라하기

모카포트

모카포트를 그려보겠습니다.
이 그림은 색연필의 선으로 공간을 채워가며, 스트로크를 살려 질감이 드러나고,
색을 겹쳐서 세련된 색을 표현하는 색연필 그림입니다.

1034 949 901 935 918 946

인쇄된 이미지가 실제 색연필 색과 차이가 날 수 있습니다.

1

연필(H,2H)로 그림을 보고
스케치합니다.

2

색연필 (1034)로 연필 스케치 위에
다시 스케치합니다. 그리고 연필 선을
지우개로 지웁니다.

3

2번 위에 색연필(1034)로 채색합니다.
색을 채울 면적은 이미지를 참고하세요.

4

3번 위에 모카포트 오른쪽 체크 부분에
모두 색연필(949)로 채색합니다.
아래 색보다 진하므로 선의 방향을
일정하거나, 크로스 해칭으로
채워나갑니다.

5

4번 위에 모카포트 오른쪽 체크 부분에
모두 색연필(901)로 채색합니다.
색이 겹치면서 채도가 낮은 고급스러운
색이 만들어집니다. 아래 색보다 진하므로
선의 방향을 일정하거나, 크로스 해칭으로
채워나갑니다.

6

뚜껑 꼭지 부분과 손잡이에 블랙(935)으로
채웁니다. 색연필 (1043)로 타원형을 그려줍니다.
모카포트를 일정한 간격을 두고 외곽선을
그립니다. 타원형을 그리기가 쉽지 않으면
연필로 그린 후 색연필로 그리고 연필 선을
지워주세요. 연필 선이 살짝 남아 있어도 됩니다.

7

타원 안을 색연필(918)로
색을 채워주세요.
스트로크를 살리며 채색하고,
선의 방향을 타원 방향으로
돌리며 채색해 주세요.

8

타원 안을 색연필(946)로
색을 채워주세요. 스트로크를 살리며
채색하고, 선의 방향을 타원 방향으로
돌리며 채색해 주세요.
Coffee 글씨를 쓰고 마무리합니다.

커피와 책

중급에는 그림자 표현에 중점을 두고 연습을 해 보겠습니다.
그림자의 가장자리에 두 가지 색을 간격의 차이를 두고 채색해 봅니다.

1

그림을 보고 천천히 연하게 (연필은 H, 2H) 스케치합니다.

2

연필 선 위에 색연필(939)로 다시 스케치한 후 지우개로 지웁니다.
* 색연필이 유성이라 연필 선과 함께 지워지지만, 색이 조금 남게 됩니다. 연필로 스케치 후 색연필 채색이 되면 연필심의 먹이 조금씩 색연필과 섞여 그림이 조금 어둡게 보이기 때문에 색연필로 다시 그린 후 연필 선을 조금 지워냅니다.

3

컵과 책 부분에 색연필(942)로 채색합니다.
해칭을 하며 면을 채워나갑니다.
* 페더링, 크로스 해칭도 가능합니다.

4

찻잔, 책 그림자와 벽면을 색연필(939)로 채색합니다.
* 채색 전에 벽면에 식물은 색연필(911)로 다시 스케치합니다.

911 939 942 946 935(black) 905 902

* 인쇄된 이미지가 실제 색연필 색과 차이가 날 수 있습니다.

5

식물과 컵을 색연필(911)로 채색합니다.
* 컵에는 두 가지 색을 겹치면서 기존의 색연필에 없는 색, 채도가 낮고 자연스러운 그린색을 만들어 냅니다.

6

벽면에 그림자와 찻잔의 그림자, 잔 속의 커피를 색연필(946)로 채색합니다.
* 그림자 부분은 경계선에 아래색이 조금 남도록 채색합니다.

7

벽면 그림자에 색연필(905)로 채색합니다.
* 그림자 부분은 경계선에 아래 색이 조금 남도록 채색합니다. 벽면 그림자는 3가지 색이 겹쳐 깊이와 밀도가 생겨 풍성한 색감을 만듭니다.

8

색연필(905)로 찻잔의 그림자 역시 위에 7번 채색과 같은 방법으로 채색합니다.
* 찻잔과 받침대에 명암을 넣기 위해 색연필(902)로 그라데이션(크로스해칭)을 표현합니다.
그리고 색연필(905)로 책 표지에 아래쪽 꽃 부분을 파랗게 채색합니다.

9

책 표지 글씨와 책등 글씨에
색연필(905)로 채색합니다. (그림 01 참고)

10

커피에 아래쪽이 어둡게 색연필(935 black)
로 그라데이션 방법으로 채색합니다.
그림처럼 책 표지 글자와 책등 글자에
색연필(935 black)로 채색합니다. 책장 선들도
모두 그려 넣습니다. 책에서 풀숲과 여자 모자와
원피스 무늬에 색연필(935)로 채색합니다.
(그림 02 참고)
아래 파란 장미꽃 부분에 블랙으로 테두리 선을
그려주세요. (그림 03 참고)

그림 01

그림 02

그림 03

11

책등 라인부분에 색연필(946)로 채색합니다.
(그림 04 참고)
책장 끝부분은 같은 색연필(946)로 선을
그려 넣습니다. (그림 03 참고)

12

색연필(935 black)로 커피잔 라인과
무늬를 넣어봅니다. (그림 05 참고)

그림 04

그림 05

COFFEE Break

Drawing on table

아이디어 스케치를 하려면 생각을 해야 한다.
집중이 필요한 시간이다.
잠시 순간
커피 향을 맡으며 머릿속 생각들을 비운다.
그리고 커피 한 모금 들이킬 때마다 아이디어가 생각난다.

작업을 마치고 나면 그동안 쌓인 피곤이 몰려온다.
휴식이 필요한 시간이다.
잠시 순간
커피 향을 맡으며 내 몸은 한없이 가라앉는다.
그리고 커피 한 모금 들이키며 조용히 눈을 감아본다.

작업을 할 때도, 휴식을 가질 때도
나는 커피에 의존한다.

스케치가 어려우신 분들은
QR코드로 접속하여 스케치를 다운로드 받으세요.

DRAW.

acrylic

지금은 커피와 케이크 그리고 고양이

아크릴로 그리다

일러스트레이터 김동미

happy
BD

아크릴 재료설명

1. 아크릴 물감

아크릴은 건조가 빠르고 언제든지 수정할 수 있는 장점을 가지고 있습니다. 그래서 물 농도에 따라서 물을 많이 머금을 때는 수채화로, 물기가 많이 없을 땐 유화 느낌으로 표현할 수 있습니다.
현재 예시로 사용된 아크릴 물감은 여러 회사 제품 중에도 입문자 및 전문가들 모두 잘 사용할 수 있는 <신한 전문가용 아크릴물감 36색>입니다. 그리고 모든 작업에는 개인적으로 좋아하는 색상으로 조소냐(josonja's) 언블리취드 티나늄이 밑 색 컬러로 사용되었습니다.

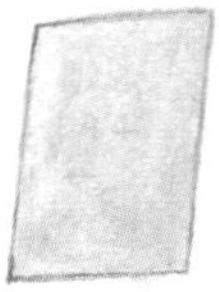

2. 종이

아크릴 물감은 나무, 캔버스 천, 유리 등등 많은 곳에 칠할 수 있는 장점이 있습니다. 그중에서도 가장 구하기 쉽고 사용하기 편리한 250g~300g 정도의 수채화 종이에 작업해 보도록 하겠습니다.

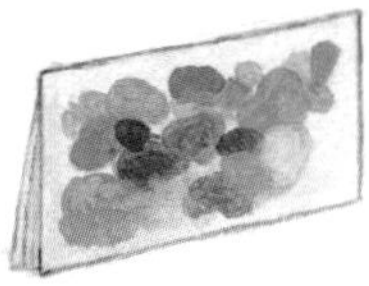

3. 붓

아크릴은 빠른 건조가 특성으로 붓의 모가 가늘수록 머금고 있는 물감이 빨리 말라서 붓의 생명력이 짧아지기 쉽습니다.
또한 물에 장시간 담가두지 않고 빠르게 세척하는 것이 가장 중요합니다. 강좌에서는 부드러우면서 탄력이 좋은 <루벤스 660> 2호, 6호, 12호를 주로 사용하였습니다.

4. 팔레트

수채화와 달리 아크릴 물감이 묻은 팔레트는 재사용이 어렵습니다. 물감이 굳고 나면 직접 뗄 수 있는 팔레트도 존재하지만 사용하기 편리한 종이 팔레트를 사용하도록 하겠습니다. 아크릴 물감은 생각보다 빨리 굳기 때문에 물을 넣은 미니 스프레이로 팔레트에 한 번씩 뿌려줘서 건조를 늦춰주는 것도 도움이 됩니다!

5. 화이트 젤리펜

아크릴 그림 작업 시 세밀한 하이라이트 표시를 위해 사용됩니다.

6. 색연필

아크릴 채색 사이에 미세하게 빈 부분을 채워주거나 아크릴 물감으로 덮어진 스케치 라인을 표시해 줄 때 사용하면 좋습니다. 유성 색연필은 물에는 녹지 않지만 아크릴 물감에는 지워지는 특성이 있습니다. 본 파트에서는 프리즈마 유성 색연필이 사용되었습니다.

7. 물통

아크릴 물감이 묻은 붓을 사용 후 바로바로 씻어주기 위한 넉넉한 사이즈의 물통을 준비합니다.

8. 마른 수건

붓에 있는 물감을 덜어내어 양 조절을 하거나, 붓을 씻은 뒤 물기를 닦아낼 때 사용합니다.

아크릴 워밍업

1. 그림을 그리기 전에 재미있는 작업환경을 만들어 봅시다. :-)

주제가 '커피'인 만큼 유튜브에서 '카페 ASMR'을 검색 후 들으며 그림을 그리면 나만의 홈 카페에서 작업하는 듯한 재미를 느낄 수 있습니다. 작업하면서 틈틈이 마실 음료와 간식을 조금 준비하시면 더욱 좋습니다.

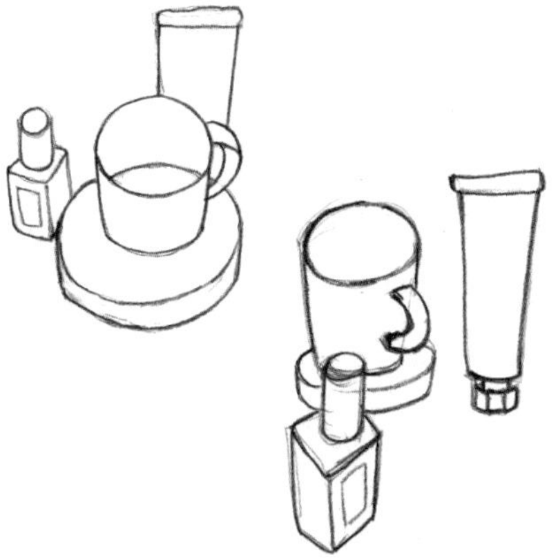

2. 스케치 대상을 찾아봅시다.

사진 속 사물도 좋지만 지금 바로 눈앞에 보이는 사물들을 내 마음대로 배치해서 그려보는 것이 다양한 각도와 크기를 그릴 수 있는 재미있는 작업이 됩니다.

3. 내 마음대로 심플하게 그려봅시다.

처음에 그림을 그릴 때 사물의 있는 그대로의 정확한 모습을 그리려고 애쓰다 보면 갑자기 흥미가 사라지는 마법 같은 현상이 나타날 수 있습니다! 그러니 스케치를 할 때 눈에 보이는 사물에서 내가 원하는 만큼의 단순화를 거쳐 간략하게 표현하는 방식으로 그려보도록 합니다.

아크릴 초급 따라하기 1

유리잔에 든 아메리카노

언블리취드 티타늄 154 (조소냐)

번트시에나 553

번트엄버 556

티타늄 화이트 562

1. 스케치 작업

A4 정도 사이즈의 종이에 스케치를 합니다. 너무 작은 종이는 세밀하게 하는 붓질이 어려울 수 있습니다. 또한 아크릴 특성상 스케치가 채색에 덮어지는 경우가 있어서 처음부터 너무 정확하게 그리려고 힘을 빼지 않도록 합니다. 아크릴로 덮어진 그림 위에 색연필로 다음 채색영역을 가볍게 표시해 주는 방법도 있습니다. 만약 스케치가 복잡할 때는 원본을 폰으로 촬영해서 기억해 두거나, 트레싱지를 이용해서 스케치를 보존해 두는 방법이 있습니다.

2. 전체 밑 색 칠하기

스케치 전체 영역에 밑색인 언블리취드 티나늄을 채색해 줍니다. 마른 붓을 물에 전체적으로 적신 후 수건에 적당히 물기를 덜어냅니다. 그리고 물감을 묻혀줍니다. 아크릴 물감을 수분감 있게 -> 수분감이 적은 진하기 순으로 익혀 가시면 다양하게 아크릴 채색을 즐길 수 있습니다.

3. 커피 부분 밑 색 칠하기

번트시에나로 커피 영역을 1차 채색합니다. 다른 영역으로 붓질이 엇나가도 괜찮습니다. 티타늄 화이트색 물감으로 엇나간 부분을 덧칠해서 가려주면 됩니다. 그리고 채색하다 스케치 라인이 점점 사라져도 괜찮습니다. 나중에 다시 표시하도록 합니다.

4. 조금 더 어두운 커피색 표현하기

군데군데 번트엄버로 어두운 채색을 해줍니다. 색을 쌓아 올릴 때 짧은 터치감으로 채색해 붓 자국을 남겨봅시다. 만약 그림의 전체 분위기가 너무 어둡다고 판단될 경우 번트엄버로 채색한 부분 위에 다시 번트시에나를 짧은 터치로 군데군데 찍어주도록 합니다. 그래서 커피를 나타낸 영역이 미묘하게 언블리취드 티나늄과 번트시에나가 살짝 보이는 영역과 아주 어두운 번트엄버와 번트시에나가 보이는 영역 그리고 번트엄버가 강하게 보이는 영역처럼 다양한 색감이 보여주는 아메리카노 색이 표현되었습니다.

5. 흰 유리잔 칠하면서 마무리

화이트 색연필로 처음 유리잔 스케치 부분을 살짝 표시하고 티타늄 화이트를 칠해 줍니다. 그림 작업은 진행하는 과정에서 스케치가 더 추가될 수도, 생략될 수도 있기 때문에 처음 스케치와 약간 달라진다고 해도 괜찮습니다. 흰 유리잔의 외곽형태가 잘 보이지 않는 게 아쉽다면 브라운색 색연필로 외곽 테두리를 살짝 표시해 주는 방법도 있습니다. 색상이 서로 다른 영역에 물감이 묻은 경우, 다시 원래의 색으로 덧칠해주면 되니 너무 걱정하지 마세요.

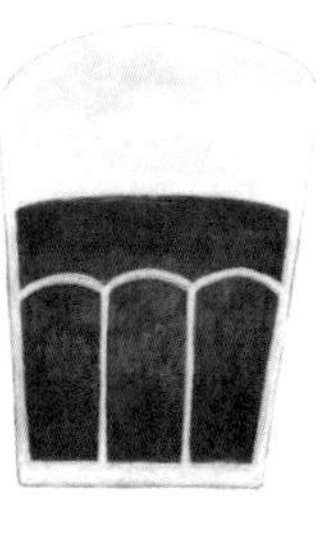

아크릴 초급 따라하기 2

딸기 생크림 케익

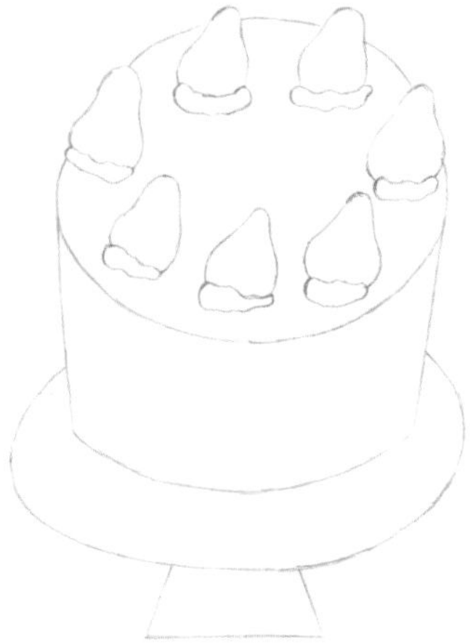

1. 스케치 작업

접시 위에 올려진 딸기 케이크를 그려줍니다. 딸기처럼 그림을 약간 기울여 그리면 더 재미있는 스케치가 됩니다. 취향에 따라 딸기의 크기를 다양하게 그리는 것도 귀여운 요소가 됩니다.

2. 전체 밑 색 칠하기

밑 색인 언블리취드 티나늄을 발라줍니다. 그리고 케이크 부분 전체에 네이플 옐로우를 발라줍니다. 그런 다음 생크림인 티타늄 화이트를 발라 주면 따뜻한 느낌의 생크림 색상으로 표현됩니다. 처음에 약간 연하게 발라져서 밑에 노란빛이 생각보다 많이 보인다 싶으면 마르고 난 뒤 다시 티타늄 화이트를 덧칠해주면 좋습니다. 실제 생크림을 바르듯이 물기가 적은 붓에 티타늄 화이트 물감을 넉넉하게 찍어서 두껍게 발라 입체감을 만드는 것도 재미있습니다. 진하게 물감을 바른 붓을 사용하는 중간중간 물감이 굳기 전에 바로 붓을 세척하거나 전체적으로 물을 살짝 머금게 해서 붓이 마르지 않도록 해줍니다.

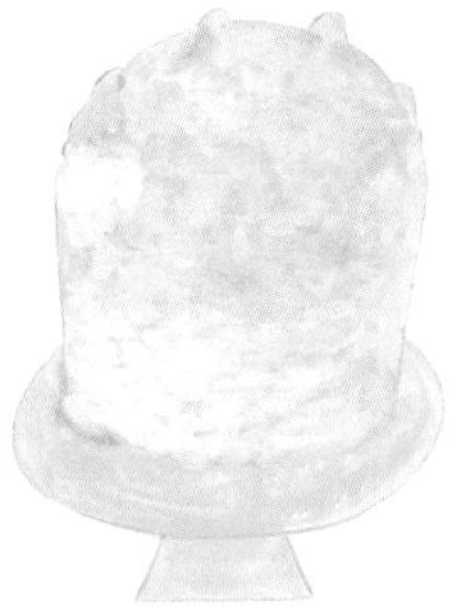

3. 케이크 접시 채색

접시는 하얀 케이크와 대비되도록 블랙과 프탈로시아닌 블루를 섞은 색으로 채색해 봅니다. 블랙은 아주 소량만 섞어도 많이 어두워지니 아주 조금씩 짜서 섞어 봅시다. 접시의 가장자리 부분에는 라이트 블루 바이올렛을 가로로 짧은 터치로 발라 주면서 밝은 명암을 표현하도록 합니다.

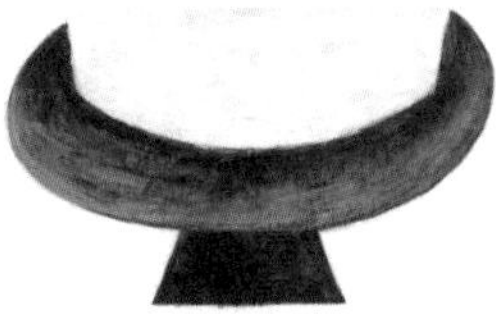

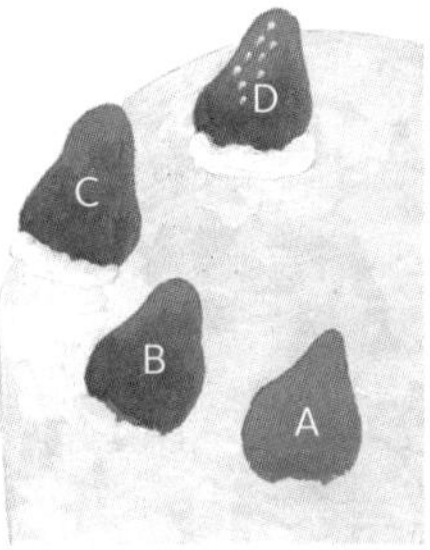

4. 딸기 표현하기

A.코랄레드와 버밀리언 휴를 섞어서 딸기 밑 색으로 칠해 줍니다.
B. 번트시에나로 딸기 아랫부분에 명암색상을 칠해 줍니다.
  번트시에나가 너무 어둡다면 버밀리언 휴를 약간 섞어도 괜찮습니다.
  딸기의 윗부분과 아래 부분의 색상의 단계가 너무 급하게 바뀐다면
  중간부분에 버밀리언 휴를 추가로 칠해서 자연스러운 색의 단계로
  보이게끔 합니다.
C. 딸기를 고정해주는 생크림을 티타늄 화이트로 조금 더 칠해 줍니다.
D. 붓끝을 가늘게 세운 붓에 티타늄 화이트를 약간 바른 뒤 흰색
  딸기 씨를 심어줍니다.

언블리취드 티타늄 154 (조소냐) | 버밀리언 휴 505 | 코랄레드 506 | 프탈로시아닌 블루 540

번트시에나 553 | 블랙 560 | 프렌치 그레이 561 | 티타늄 화이트 562

5. 마무리

딸기를 잡아주는 생크림 밑 부분에 회색 그림자를 살짝 넣어주면 생크림이 조금 더 선명해집니다.
그리고 케이크의 옆면과 윗부분을 분리하고 싶을 때 케이크의 원 모양을 따라 네이플 옐로로 라인을 표시해 주는 방법도 있습니다.

아크릴 중급 따라하기

식탁 위를 노리는 고선생

1. 재미있는 배치의 스케치

케이크와 커피를 노리고 있는 고양이를 그려봅시다. 우측하단에 케이크를 그려줍니다. 프레임을 벗어나는 스케치가 케이크의 크기를 연장해주는 효과가 있어서 재미있습니다. 왼쪽에는 상대적으로 작은 포크와 커피가 든 유리잔을 그려 줍니다. 맨 뒤에는 테이블을 주시하고 있는 고양이를 그려줍니다. 살아있는 캐릭터가 그림에 들어가면 그림에 생기를 넣어주는 효과를 얻을 수 있습니다.

2. 다채로운 색상으로 밑 색 채색하기

언블리취드 티나늄으로 그림 전체 밑 색을 칠해 줍니다.

배경 : 아크릴 물감은 여러 색을 섞었을 때 더 다채롭고 오묘한 색들을 만들 수 있습니다. 프렌치 그레이 와 브릴리언트 블루를 2:1 섞은 색에 티타늄 화이트를 4정도 섞어줍니다. 살짝 하늘빛이 도는 밝은 그레이톤 배경색을 벽면에 칠해 줍니다. 밑 색이 살짝 비치도록 바르는 것도 괜찮습니다. 만약 마르고 난 뒤 배경이 생각보다 어둡게 느껴진다면 티타늄 화이트를 다시 군데군데 덧칠해줘도 좋습니다.

테이블 : 옐로 오커를 테이블에 전체적으로 칠해 줍니다. 그리고 옐로 오커가 살짝살짝 보이게끔 듬성듬성 네이플스 옐로를 덧칠해서 좀 더 밝은 느낌의 테이블로 완성해 봅니다.

3. 커피 잔, 케이크, 포크 채색하기

앞에서 작업한 유리잔에 든 아메리카노와 딸기 생크림 케이크를 한 번 더 채색해 보도록 합니다. 커피의 색상은 테이블과 대비를 주기 위해 번트엄버에 블랙을 아주 소량 섞어서 어두운 커피색으로 채색해 봅니다. 티매트는 주변 색과 잘 어울릴 수 있도록 올리브 그린과 네이플스 옐로를 섞어 부드러운 그린톤으로 칠해 줍니다. 테이블, 티매트, 케이크의 밑 색에 있는 네이플스 옐로가 서로 근접한 영역에서 함께 사용되어 색상의 안정적인 통일감을 느끼게 합니다.

4. 고양이 채색하기

고양이의 검은 무늬를 블랙으로 채색하는 것보다 푸른 느낌을 주는 프탈로시아닌 블루를 약간 섞어서 채색하면 푸른빛이 나는 오묘한 블랙이 되어 재미있는 채색을 할 수 있습니다. 고양이의 눈동자는 퍼머넌트 옐로 라이트를 한 번 칠한 뒤 레몬 옐로를 칠해 줍니다. 그리고 검은 동공을 얇게 채색한 다음 양옆으로 티타늄 화이트로 반짝이는 효과를 줍니다. 세필 붓이나, 어두운 브라운 톤의 색연필 혹은 펜으로 눈의 외곽을 한 번 더 표시해 주면 좋습니다.

퍼머넌트 옐로 라이트 516 | 레몬 옐로 517 | 네이플스 옐로 518 | 브릴리언트 블루 536 | 옐로 오커 551

5. 그림자 표현 및 마무리

고양이의 발, 포크, 티매트 아랫부분에 각각 그림자를 표현해서 바닥과의 경계가 좀 더 또렷해지도록 번트엄버 색상을 발라 줍니다. 경계선 바로 근처는 가장 진하게 그리고 경계선에서 점점 멀어질수록 물을 아주 조금 적셔서 풀어지는 느낌으로 자연스럽게 사라지듯 발라주는 것도 좋습니다. 조금 심심해 보이는 생크림 케이크에는 초콜릿 레터링을 넣어주면 더 재미있는 표현으로 완성됩니다.

스케치가 어려우신 분들은
QR코드로 접속하여 스케치를 다운로드 받으세요.

DRAW.

marker

색을 채우듯 소재로 가득한 나의 일상을 그리다.

마카로 그리다

일러스트레이터 치옹타옹

마카 재료설명

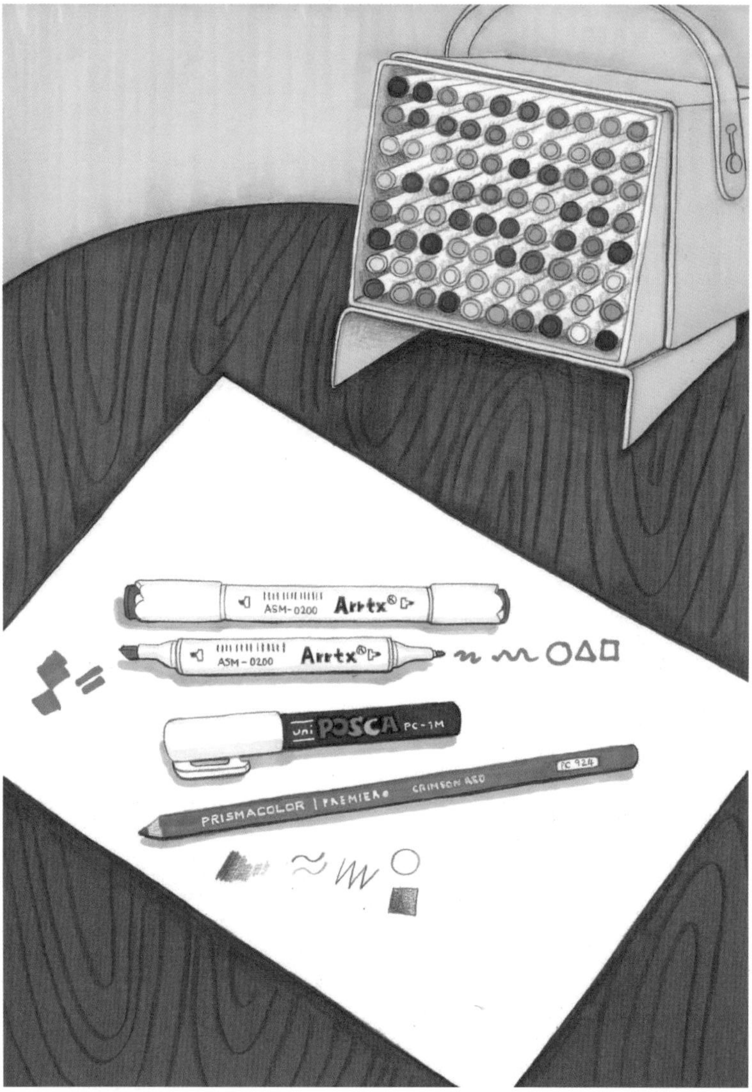

나만의 마카 선택기준

① 낱개 판매 또는 리필이 되는 것인가?
⇨ 한가지 색상을 다 사용하였을 경우 필요한 색상을 따로 구매할 수 있어야 합니다.

② 가격과 기능
⇨ 마카를 사용하면서 가격의 부담을 느끼지 않고 기능이 좋은 마카를 선택해야 합니다.

③ 색상이 얼마나 다양하며 내가 필요한 색상이 충분히 포함되어 있는지 살펴 보아야 합니다.
⇨ 참고로 제가 사용한 마카는 아트엑스 ALP 디자인 트윈 마카펜 80색 세트입니다.
온라인에서 5만원 후반대에 살 수 있습니다. 낱개판매도 하고 있으며, 저렴한 가격에
필요한 색상도 충분하여 선택하였습니다.

DRAW
marker

이 외에도 자주 사용되는 마카는 신한, 알파, 코픽 등이 있습니다. 모두 좋은 제품이지만 가격 면에서 부담될 수도 있어 저는 제일 저렴한 제품으로 선택하였습니다. 여러분은 원하는 마카를 선택하여 사용하시기를 추천합니다. 단, 양쪽이 다른 굵기의 촉이 있는 마카 선택을 권장합니다. 얇은 촉과 두꺼운 촉이 함께 있어야 사용하기 좋습니다.

* 마카는 눕혀서 보관하여야 잉크가 한쪽으로 치우치지 않습니다. 반드시 눕혀서 보관하세요.

포스카 마카 화이트 or 젤리롤펜 화이트

포스카 마카는 불투명 마카로 일반 마카 위에 포인트로 올리기에 좋습니다. 화이트 색상 외에 필요한 색상을 구매하여도 좋습니다. 다양한 굵기가 있어 원하는 굵기를 선택하면 됩니다. 참고로 저는 포스카 1M(0.7mm)을 선택하였습니다. 젤리롤펜 화이트는 수성안료 잉크펜으로 포스카 마카 대용으로 좋습니다. 필수 구매 목록은 아니므로 필요시 구매하면 됩니다.

색연필

자칫 심심할 수 있는 마카 드로잉에 좀 더 다양한 연출과 포인트를 줄 수 있는 색연필이 필요합니다. 주로 프리즈마 유성 색연필을 추천드리며 12,24,36,48,72,132,150색까지 다양한 세트를 판매하고 있습니다. 색연필은 검은색과 흰색만 있어도 포인트 주는 것에 어려움이 없지만, 좀 더 다양한 효과를 넣고 싶다면 색상을 더 추가하시면 좋습니다. 저는 24색 정도로만 선택하였습니다. 24색을 사지 않더라도 추가로 필요한 것만 낱개로 구매해도 좋습니다. 저는 24색에는 없는 회색(PC 1051)을 별도 구매하였습니다.

종이

켄트지(180~220g)는 가격이 저렴하며, 요철이 과하지 않고 표면이 부드러워 색연필 사용에도 좋습니다. 개인적인 의견입니다만 마카 사용 시 번지는 감이 있어 작게 그릴 경우 세밀한 표현이 어려울 수 있으니 선택 시 참고해 주세요.

그 외에는 캔손 마카패드(70g), 파브리아노 브리스톨(250g), 캔손 브리스톨(250g)등의 용지가 있습니다. 가격은 비교적 비싼 편에 속합니다. 캔손 마카패드는 백색의 반투형 용지로 표현이 부드럽고 마카 사용시 번짐이 덜합니다. 브리스톨은 표면이 탄탄하고 매끄러워 세밀한 작품 묘사가 가능하며 마카 사용 시 번짐이 덜합니다. 제가 사용하는 종이는 모조지(백상지)(180~220g)입니다. 주로 상장 인쇄에 사용하는 종이이나 표면이 매끄럽고 마카 사용 시에도 번짐이 덜하고 무엇보다 앞서 소개한 종이보다 가격 면에서 저렴하고 좋습니다. 마카를 덧칠하면 종이를 뚫고 뒷면에 묻어 나올 수 있기 때문에 두꺼운 용지를 추천합니다. 종이까지 다 선택 하였다면 자신만의 색상표를 만들어 채색할 때 참고하면 좋습니다.

마카 초급 따라하기

카페에서

1. 색연필

색연필(●PC935)로 커피잔과
컵 받침을 그려주세요.

2. 마카

마카(■43)의 얇은 촉으로
커피잔과 컵 받침 무늬를 그려주세요.
마카(■91)의 얇은 촉으로
커피 부분을 그려주세요.

3. 마카 + 색연필

마카(■91)의 두꺼운 촉으로 커피 부분의 색을
채워주세요. 테이블 매트는 마카(■GG3)의
얇은 촉으로 그려주세요. 색연필(●PC935)로
마무리해주세요.

1. 마카라인

마카(■ WG0.5/99)의 얇은 촉으로 포크와 나이프를 그려주세요. 마카(■ 104/25)의 얇은 촉으로 빵을 그려주세요.

2. 마카채색

마카(■ WG 0.5/99)의 두꺼운 촉으로 포크와 나이프의 색을 채워주세요. 마카(■ 104/25)의 두꺼운 촉으로 빵의 색을 채워주세요.

3. 색연필효과

색연필(● PC935/938/1051)로 포크와 나이프에 선을 그려주세요. 색연필 (● PC935/PC945/PC1034)로 빵의 겉면(● PC945)의 포슬포슬한 느낌을, 빵속(● PC1034)의 포슬포슬한 느낌을 표현해 주세요.

2. 마카채색

마카(■ 43/144)의 두꺼운 촉으로 식물과 물의 색을 채워주세요.

1. 마카라인

마카(■ 43/144)의 얇은 촉으로 식물과 물을 그려주세요.

3. 색연필

색연필(● PC935)로 마무리해주세요.

color chip

커피 ■ 43 / 91
● PC935

빵 ■ 104 / 25
● PC 935 / PC 945
PC 1034

포크&나이프 ■ WG 0.5 / 99
● PC935 / PC938
PC 1051

화병 ■ 43 / 144
● PC 935

테이블 매트 ■ GG3
● PC935

마카 초급 따라하기

시장에서

색연필

색연필(●PC935)로
종이컵을 그려주세요.

마카

마카(■104)의 얇은 촉으로
커피 부분을 그려주세요.

마카 + 색연필

마카(■104)의 두꺼운 촉으로 커피 부분의
색을 채워주세요. 색연필(●PC909/916)로
해바라기 무늬를 그려주세요.

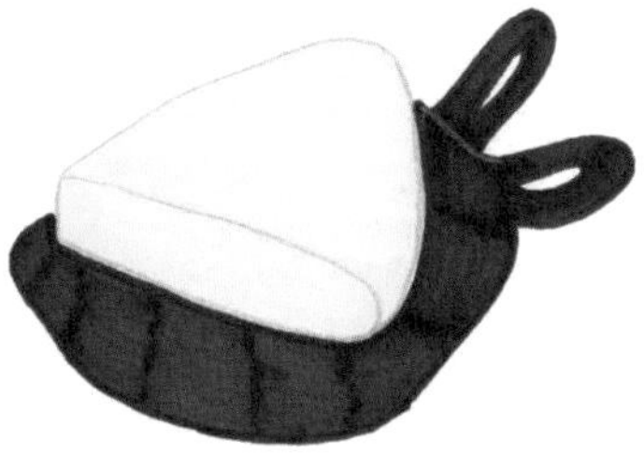

마카라인

마카(■ 163/WG8)의 얇은 촉으로
옥수수 찐빵과 비닐을 그려주세요.

마카채색

마카(■ 163/WG8)의 두꺼운 촉으로
옥수수 찐빵과 비닐 색을 채워주세요.
색연필(● PC 1034)로 옥수수 찐빵
모양을 그려주세요.

색연필효과

마카(■ 1)로 강낭콩을 그려주세요.
색연필(● PC938)로 강낭콩에 그려주세요.
색연필(● PC1034)로 옥수수 찐빵의 질감을
표현해 주세요.

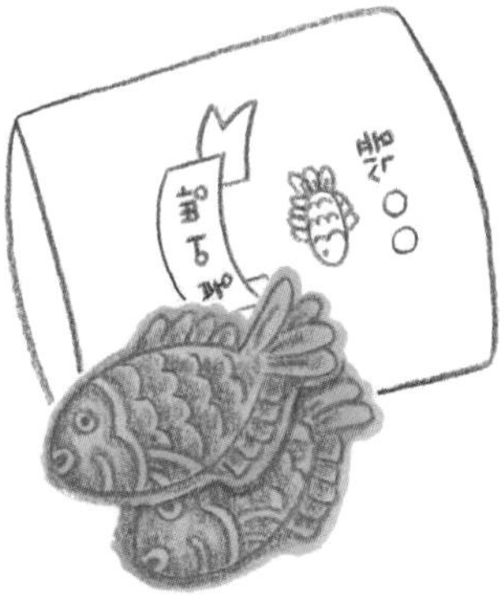

마카라인

마카(■ 44)의 얇은 촉으로
붕어빵을 그려주세요.

마카채색+색연필

마카(■ 44)의 두꺼운 촉으로
붕어빵의 색을 채워주세요.
색연필(● PC 945)로 붕어빵
모양을 그려주세요.

색연필효과

색연필(● PC945)로 붕어빵의
질감을 표현해 주세요.
색연필(● PC935)로 붕어빵
봉투를 그려주세요.

color chip

커피 ■ 104
● PC 935 / PC 909
PC 916

옥수수 찐빵 ■ 163 / 1 / WG8
● PC 1034 / PC 938

붕어빵 ■ 44
● PC 935 / PC 945

마카 중급 따라하기

카페스타일

스케치 그림

연필로 스케치를 해주세요.
(종이에 자국이 많이 남지 않을
정도의 힘으로 그려주세요!)

중간 채색

마카로 채색할 부분부터 지우개로
스케치를 지워주세요. 자신이
알아볼 수 있게만 남겨두고 깨끗이
지워주세요. 그 위에 마카의 얇은
촉으로 먼저 테두리를 그린 후
두꺼운 촉으로 색을 채워주세요.

color chip

피부	■ 29	러그	■ WG0.5	창문밖	■ 144
머리카락	■ 101	바닥	■ WG3	왼쪽 식물	■ 43/101
머리끈	■ 50	벽	■ 135	오른쪽 식물	■ 47
옷	■ 183	전등	■ 23/37	액자	■ 99/WG3
소파	■ 44	창틀	■ 99	매거진랙	■ 101
테이블	■ 101				
				공통사용	● PC 935/938/929

커피는 우아하게 카페 스타일

마카 중급 따라하기

시장스타일

스케치 그림

연필로 스케치를 해주세요.
(종이에 자국이 많이 남지 않을
정도의 힘으로 그려주세요!)

중간 채색

마카로 채색할 부분부터 지우개로
스케치를 지워주세요. 자신이 알아볼
수 있게만 남겨두고 깨끗이 지워주세요.
그 위에 마카의 얇은 촉으로
먼저 테두리를 그린 후
두꺼운 촉으로 색을 채워주세요.

color chip

커피사장님 아주머니

- 피부 ■ 29
- 머리카락 ■ 99
- 옷 ■ WG3/BG7/WG8
- 신발 ■ WG6
- 파라솔 ■ 13/GG3
- 보온병 ■ 140/BG3/WG6
- 종이컵통 ■ WG3
- 종이컵뒤 ■ BG7/36
- 커피믹스&박스 ■ 56/37/69
- 커피믹스옆 병 ■ 36/99
- 병 뒤 찜통 ■ BG3
- 리어카 ■ GG5

할아버지

- 피부 ■ 29
- 머리카락 ■ GG3
- 옷 ■ BG7/WG6
- 벨트 ■ WG8/GG5
- 신발 ■ WG8
- 피부 ■ 29

할머니

- 피부 ■ 29
- 머리카락 ■ GG3
- 머리띠 ■ BG7
- 옷 ■ 140/36(무늬 2/43)
- 테이블 ■ 13/GG3/WG8
- 의자 ■ 13
- 바구니 ■ 33
- 감자 ■ 31
- 파 ■ 46
- 바닥 ■ WG0.5
- 공통사용
- ● PC 935/938/929

커피는 정겹게 시장스타일

Take-out
COFFEE

한곳에 메이지 않고 길을 걷는다.
시선이 머무는 장소에서 잠깐 멈추고
한 모금 마신 다음 또다시 걷는다.
언제 어디서나 나를 자유롭게 하는 커피 한잔이
바쁜 일상에 지친 나를 따뜻하게 위로한다.
테이크아웃 커피는 항상 나와 함께 있다.

스케치가 어려우신 분들은
QR코드로 접속하여 스케치를 다운로드 받으세요.

DRAW.

oil pastel

아빠가 사준 크레파스 추억소환템 오일파스텔로 커피그리기

오일파스텔로 그리다

일러스트레이터 박선영

오일파스텔 재료설명

오일파스텔은 일반적으로 채색할 때 필요한 물, 붓이 필요 없어 준비재료가 간단하기 때문에 초보자들이 부담 없이 준비하기에 좋아요. 차근차근 과정을 따라오다 보면 어려서 그림 그릴 때 마음껏 사용하던 크레파스가 떠오르실 거예요. 마음이 청순했던 어린 시절로 우리 함께 돌아가 봅시다. 그럼, 커피 한 잔을 그리기 위해 필요한 도구들을 소개합니다.

오일파스텔

부드러운 질감, 다양한 색 구성, 입문자에게 부담 없는 가격의 문교 소프트 오일 파스텔 72색과 묵직하고 꾸덕꾸덕한 질감의 시넬리에 화이트(N132541.1/83mL)를 사용해서 그림을 완성하겠습니다.

종이

오일파스텔은 질감이 부드럽고 두께감이 있는 종이라면 어떤 것도 좋아요. 단, 면적이 너무 크지 않게 A4 사이즈 / 160g 백색의 요철이 적은 오일파스텔 전용지(중성지)를 사용하겠습니다. 우리의 손목은 소중하니까요.

색연필

오일파스텔은 부드럽고 뭉텅해서 좁은 면적이나 섬세한 표현이 어렵기 때문에 이를 보완해줄 프리즈마 유성 색연필 흰색/검정색/인디고 계열을 보조로 사용합니다.

Tip. 찰필 대용으로 스크래치 효과를 줄 때 유용하고 오일파스텔뿐만 아니라 어떤 재료와도 아주 잘 어울리는 그림도구입니다.

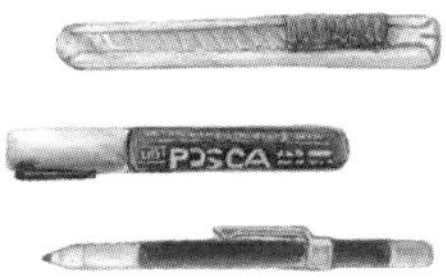

그외 재료들

연필(2B), 커터칼, 물티슈, 포스카 마카(흰색), 픽사티브(정착액)

오일파스텔 초급 따라하기

커피 한 잔 할래요

채색을 하기에 앞서

오일파스텔은 재료 특성상 찌꺼기가 많이 나오기 때문에 작업 전 화판이나 스케치북보다 더 큰 종이를 깔고 작업하는 편이 좋습니다. 블랜딩하는 과정에서 다른 색이 묻어나기 쉬우므로 원하는 색을 원하는 위치에 잘 표현하려면 한번 사용한 파스텔은 채색 전 물티슈로 파스텔을 손과 함께 꼼꼼히 닦아주세요.

1

249번으로 커피잔을 스케치하듯 테두리와 그림자를 채우며 전반적인 형태감을 잡습니다.
Tip. 손에 힘을 빼고 살짝만 채운다는 느낌으로 가볍고 부드럽게 채색합니다.

2

249번과 245번을 겹쳐 커피잔의 입체감을 더해줍니다.

3

264번으로 커피잔 테두리, 손잡이, 받침대의 명암을 잡아줍니다.

4

244번과 249번을 사용하여 경계가 잘 섞이도록 잔 주변을 자연스럽게 블랜딩합니다.
*블랜딩이란 : 두 가지 이상의 색을 섞는 기법으로 경계를 풀어주거나 점층적으로 단계의 변화를 줄 때 사용합니다.
Tip. 빛 반사로 인한 흰 여백은 시넬리에 화이트를 사용하여 기존에 칠해진 색과 자유롭게 블랜딩합니다.

5

245번과 270번을 사용하여 좀 더 입체감 있게 표현해주세요. 명도가 낮은 만큼 과하지 않게 사용 시 주의하여 채색합니다.

6

243번으로 빛이 닿는 부분을 터치하듯 채색합니다.

7

253번으로 커피의 반사되는 부분을 제외한 나머지 부분을 채우고 236번으로 그림자 진 부분을 겹쳐 커피의 질감을 표현합니다.

8

254번으로 커피의 경계진 부분과 듬성듬성한 부분만 부드럽게 채워주듯 블랜딩합니다.

9

243번으로 다시 한번 반사된 흰 여백의 테두리 주변을 터치하여 따듯한 커피를 더 강조하면 완성입니다.

오일파스텔 중급 따라하기

나른한 오후, 천천히 그리고 느리게

Part 1. 커피잔 세트와 쿠키 그리기

244 249 245 246 264 254 253 236 270

1

249번으로 커피잔을 스케치하듯 테두리와 그림자를 채우며 전반적인 형태감을 잡습니다.

2

245번과 246번을 번갈아 사용하며 커피잔의 외곽과 그림자 진 부분을 채색하여 입체감을 더해줍니다.

3

264번과 254번으로 커피잔 테두리, 손잡이, 받침대, 쿠키 주변을 겹쳐가며 명암을 만들어 줍니다.

4

244번 또는 시넬리에 화이트로 여백을 덧칠하여 빛이 반사되는 면과 명암의 형태를 좀 더 섬세하게 표현해주세요. 253번과 236번으로 커피와 쿠키를 칠해 줍니다.

Tip. 시넬리에의 꾸덕꾸덕한 제형이 파스텔 찌꺼기 날림을 덜 하게 잡아주어 자연스럽게 형태감을 잡기에 용이해요.

5

254번을 사용하여 253번과 236번의 경계를 덧칠해 주세요. 244번 또는 시넬리에 화이트로 빛이 반사되는 부분을 콕콕 찍어 주세요.

6

270번으로 사물의 명암을 좀 더 다듬어 주면 커피잔과 주전자 완성입니다.

Part 2. 꽃 그리기

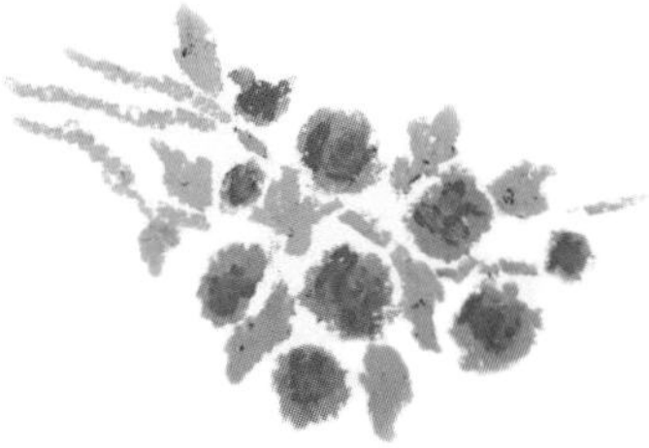

1 꽃잎은 216번과 210번을 번갈아 사용하며 부드럽게 블랜딩하고, 잎은 241번과 232번을 사용하여 가볍게 칠해줍니다.

2 233번으로 줄기와 잎 사이의 명암을 표현합니다. 바닥 위에 놓인 꽃의 그림자는 244번과 264번을 겹쳐가며 다듬어 주세요.

3 바구니에 담긴 꽃다발도 7~8번 과정과 동일한 방법으로 채색합니다.

Part 3. 바구니 그리기

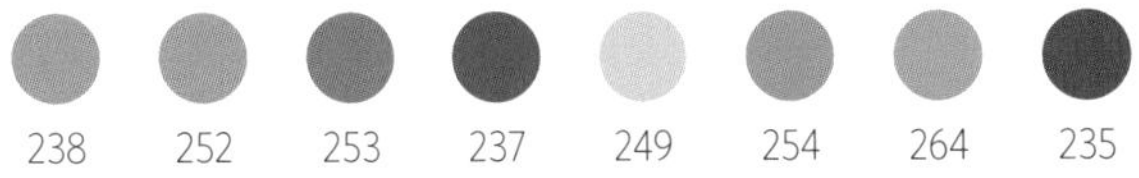

1. 238번으로 바구니의 패턴과 형태는 벽돌을 쌓듯이 차곡차곡 채워줍니다.

2. 252번, 253번, 237번을 번갈아 사용하며 바구니의 형태를 다듬고 겹쳐주세요.

3. 바구니의 양감이 느껴지도록 249번, 254번, 264번으로 밝은 부분을, 235번으로 어두운 부분을 더욱 어둡게 표현합니다.

4. 바구니의 그림자는 꽃을 그릴 때와 동일한 방법으로 249번을 가볍게 칠해준 뒤, 264번으로 그림자의 명암을 표현해주면 꽃바구니 완성입니다.

스케치가 어려우신 분들은
QR코드로 접속하여 스케치를 다운로드 받으세요.

그림을 정식으로 배우지 않아도 된다. 취미로 카페에서 낙서처럼 사물을 스케치하거나
여행지에서 찍은 사진을 보고 여행스케치를 그리고 싶을 때는 어떤 도구가 좋을까?

처음 그림을 그리기에는 간단한 펜 하나로 시작할 수 있는 펜화만 한 것이 없다.
펜화는 접근성도 좋고, 선으로만 그려도 그림의 완성도가 있기 때문에
쉽게 초보자가 그림을 시작할 때 좋은 재료임이 분명하다.

초보자는 사실적인 표현으로 섬세하게 접근해서 그림을 그리기보다는
형태를 무시하고 내가 원하는 느낌으로만 그릴 때 개성 있고 감각적인 그림이 나온다.
이것이 블랙(먹색)의 힘일 것이다.

DRAW.

pen

펜으로 낙서처럼 글씨를 쓰듯이 편안하게 그려보자.
드로잉이 익숙지 않아도 자신 있게 그리는 것이 제일 중요하다.

펜으로 그리다

일러스트레이터 서준

펜화 재료설명

펜촉

펜대에 꽂아서 잉크를 묻혀 그리는 도구이다.

스푼펜

일반적이고 다양한 곳에
많이 사용되는 펜촉
사무용이나 제도용으로도
사용된다.

G펜

선의 굵기를 다양하게
표현할 수 있어
입체적인 선 드로잉이
가능하다.

스쿨펜

선이 균등하게
그려지고, 딱딱한
느낌이 강하다.

둥근펜

선이 가늘게 그려져
세밀한 묘사에
적합하다.

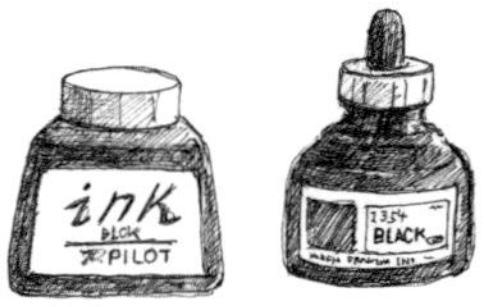

일반잉크

사무용으로 많이 사용되는 일반잉크는
가격도 저렴하고 건조가 빨리 되므로
제도용으로 Pilot이 많이 사용되고 있다.

내수성 잉크(Water proot)

건조가 되면 내수성이 강해 채색을
함께 하는 그림에 적합하다.
대신에 잉크의 특징상 앙금이 조금 생겨
세밀한 부분에는 뭉치게 그려지기 쉽다.

수성잉크

건조가 빠르고, 부드럽게 그려지는 장점이 있다.
수성이라 여러 물 성분에 약하므로 외부의
영향으로 번짐이 있을 수 있다.

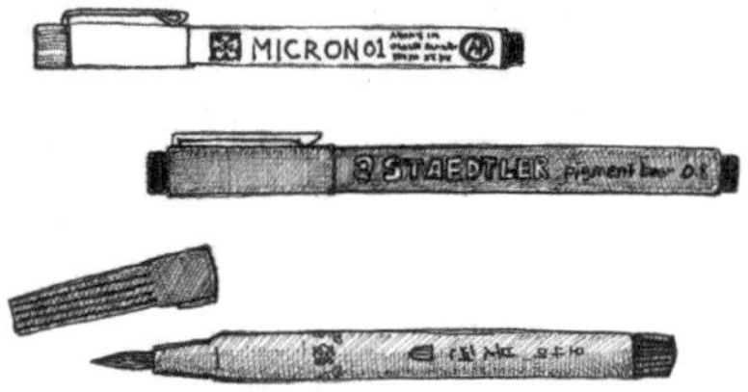

일반 드로잉 펜

일상에서 어반스케치나 간단한 오브젝트를 표현할 때는
사용하기 쉽고, 접근성이 좋은 기성 제품인 일반 드로잉 펜을
많이 사용하는데. 이 펜들은 캘리그라피에도 많이 사용된다.

펜은 선의 굵기가 다양하게 나오므로 내게 익숙한
펜을 사용하게 되지만 여기서는 주로 0.03, 0.1, 0.5
0.8, 붓펜을 주로 사용한다.

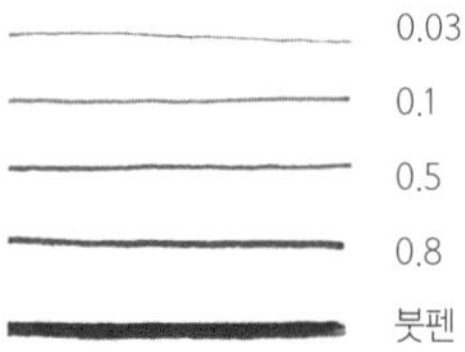

펜화 선 연습하기

직선연습 선을 균일하게 긋는 연습을 시작하면서 펜의 딱딱함과 친숙해져야 합니다.

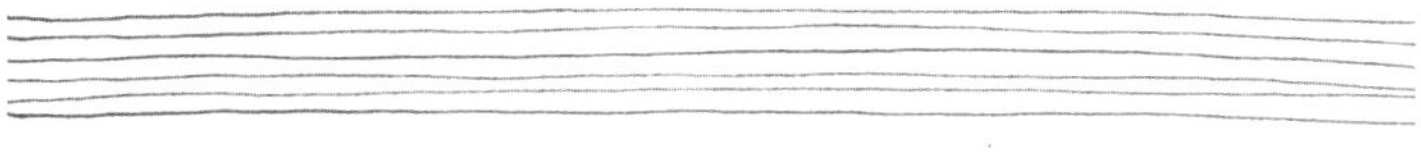

곡선 연습

펜으로 자유로운 곡선을 연습해봅니다.
펜의 굵기도 다양하게 사용해서 곡선을 그려보고 연습해봅니다.

해칭

사선으로 선을 긋는 것을 해칭이라고 한다.

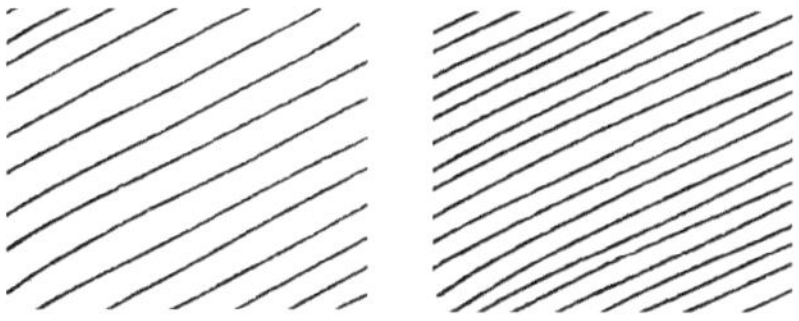

선을 스트로크(종이 위에 그려지는 흔적, 질감)라 한다면
선 사이의 간격을 피치라고 한다. 선의 기울기와 피치 간격이
일정해질 수 있게 해칭연습을 많이 해야한다.
피치가 넓은 선으로 해칭하면 간결하고 심플한 느낌이 강하고,
피치가 좁은 해칭은 밀도가 높은 채색에 유리하다.

크로스 해칭

해칭의 각도를 바꾸면서 교차하며 그리는 방식이다.
크로스 해칭에서 교차가 많이 이루어질수록 밀도 있고
짙은 농도의 그림이나 채색이 가능하다.

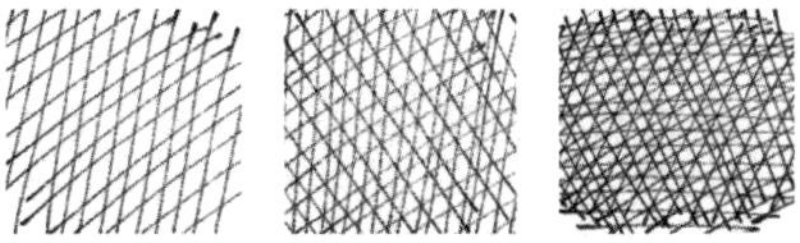

글라데이션

입체감 있게 명암을 넣게 되면 그라데이션 표현이 중요하다.
다양한 사선의 각도로 크로스 해칭을 반복하며 교차 부분의 간격을
좁혀가며 선을 채워나간다.

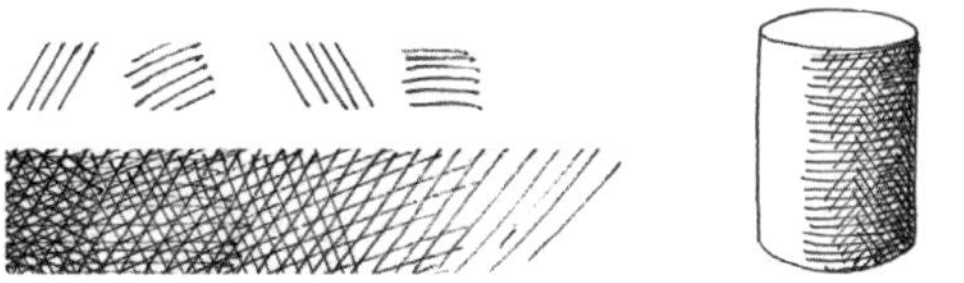

스트로크와 피치 간격을 이용해서 명암 표현해보기

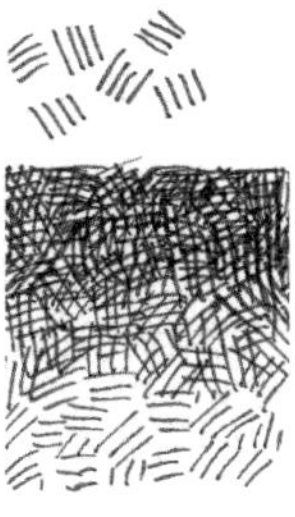

짧은 스트로크와
크로스해칭으로
채색하며 명암 표현

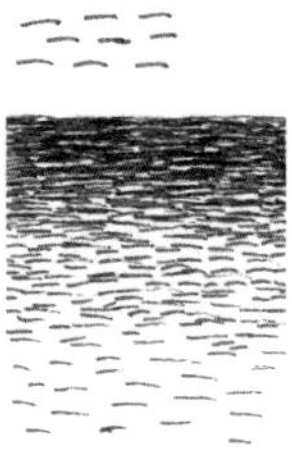

짧은 스트로크와
피치 간격을
좁혀가며 채색

해칭으로만 그려진 그림

크로스 해칭으로 명암 표현

펜화 초급 따라하기

스케치하기

펜화에서 스케치는 매우 중요하다. 스케치 된 그림 위에 그대로 펜으로 드로잉을 해야 하므로 연필로 한 스케치가 펜화의 첫 번째 채색작업이라 할 수 있다.

1

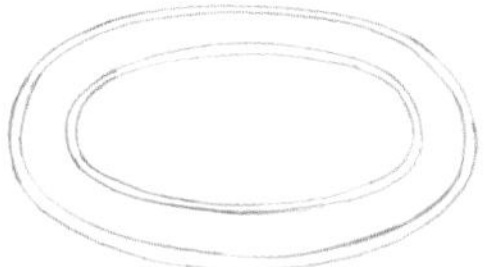

타원을 아래 그림처럼 그려주세요.

2

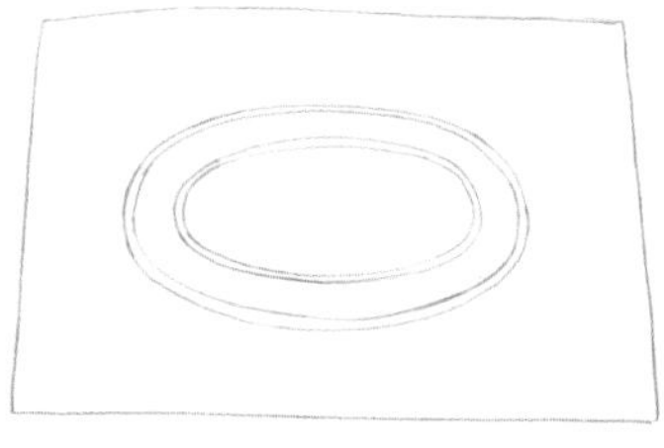

그려진 타원 주변으로 살짝 사다리꼴 모양인 네모를 그려주세요.

3

컵 받침대 위에 컵을 먼저 그린 후
손잡이를 그려보세요. 컵과 겹치는
컵 받침대 부분은 지우개로 지웁니다.
컵에 가로무늬를 그려주세요.

4

컵에 커피를 그려 넣습니다. 컵에 고리 모양을
적당한 간격으로 그려봅니다. 패턴들을
곡선 방향으로 둘러서 그립니다. 종이를 180도
돌려서 그리시면 더 쉽게 그릴 수 있습니다.

5

티매트에 세로무늬를 일정한 간격을
두고 그립니다.

6

티매트 양옆으로 아래 그림처럼 적당한
간격을 두고 점선을 그립니다.

7

매트 술을 점선에서 벗어나지 않게 그립니다.

펜화 초급 따라하기

채색하기

1

연필 선을 따라 펜으로 그립니다.

2

컵에 굵기가 큰 네임펜(2mm 이상 굵기)으로
채색하시면 됩니다. (붓펜도 가능합니다)
커피를 펜(0.3mm)으로 살짝 가로로 겹쳐서
해칭합니다. (너무 어둡게 색을 메꾸지 마세요~
질감이 살짝 드러나게 거칠게 채색)
매트 술을 펜(0.3mm)으로 모두 채색합니다.

3

티매트에 아래 그림처럼 띄어서
두 칸을 같은 사선 방향으로 선을 넣습니다.

4

비어 있는 가운데 칸에 반대 방향으로 사선을
빗금 그리듯이 그립니다. 이 세 칸이 패턴 한 세트가
됩니다. (빗살무늬처럼 정확한 대칭으로 그리는 것이
아니므로 서로 마주 보는 선이 맞지 않아도 됩니다.)

5

한 세트를 그린 후 두 칸을 띄워가며
똑같은 한 세트 패턴을 그려 나갑니다.

6

Vintage

아래에 영어를 쓰고 완성합니다.

펜화 중급 따라하기

스케치하기

펜화는 스케치가 무척 중요합니다. 컨투어 드로잉이나 다른 드로잉 펜화에서는 스케치없이 바로 펜드로잉을 하지만 펜화를 처음 시작하거나 아직 펜화가 서툴 때는 연필로 내가 그리고자 하는 형태를 스케치한 후 펜화를 시작하는 것이 좋습니다.

1

사진을 보고 그림을 참고하여 스케치를 시작합니다.
(식물과 벽돌을 빼고 스케치합니다. 테이블과 벽돌의 투시는 아래 투시 이미지를 보고 스케치합니다.)

투시 이미지
(선들의 한 방향이 어느 중심의 한곳으로 모인다고 생각하며 그려주세요.)

2

벽면에 중앙선을 하나 넣습니다.
(전체적인 균형을 잡기 위해서입니다.)

3

벽면에 가로선을 그림처럼 스케치합니다.

4

한 칸씩 띄워 선을 그려 넣습니다.
(세로줄은 전체 맞추면 됩니다.)

5

나머지 칸에 벽돌을 채워 넣습니다

6

왼쪽 나뭇가지를 그림을 참고로 그려줍니다.
(사진은 복잡하므로 사진과 똑같이 그리지 않아도 됩니다.)

7

나뭇잎들을 그려줍니다.
(크기를 다양하게, 한쪽 끝이 뾰족한 타원형으로 그려주시면 됩니다.)

펜화 중급 따라하기

채색하기

아래 그림 사이즈는 B5 사이즈로 펜은 0.03, 0.1, 08을 사용했습니다.
그림 사이즈가 커지면 펜 굵기를 조금씩 한 단계 굵게 드로잉이나 채색하시는 것도 좋습니다.

1
2

식물 잎과 줄기에 테두리를 먼저 그리고 채색합니다.
- 잎은 여러 번의 크로스해칭을 하며 색을 채워갑니다.
- 줄기는 짧은 해칭(짧은 스트로크)을 일정한 방향으로만 이용해 채색합니다. (오른쪽 해칭 이미지 참고)

해칭

3

벽돌과 창문을 아래 그림처럼 선만 펜으로 그려주세요.
창문 안쪽 틀에는 해칭을 해줍니다.
(펜 0.1)

4

벽돌 아래쪽과 오른쪽 부분에 선을 두세 번 더 올려줍니다.
선이 살짝 두꺼워지게 선을 살짝 겹쳐주며 그려줍니다.
(펜 0.1)

5

벽돌을 모두 두께가 있게 선을 겹치듯 그려줍니다.
(펜 0.1)

6

벽돌 안에 그림처럼 불규칙적으로 점을 찍어주세요.
부분적으로 점 사이에 살짝 짧은 선도 넣어줍니다.
(펜 0.1)

7

벽면에 한 방향으로 해칭을 넣어줍니다.
짧은 해칭을 겹치듯 색을 메꿔주시면 됩니다.
선이 꼭 반듯하거나 길어야 할 필요는 없습니다.
(펜 0.1)

8

테이블과 의자에 테두리와 나무무늬
를 그려줍니다. (펜 0.8)
나무 무늬는 다양합니다. 그중에서
옹이가 있는 무늬를 그려 넣습니다.
옹이를 먼저 그린 후에 옹이 주위를
따라 선을 그려주면 됩니다.
(그림 참고)

옹이무늬

직선무늬

9

의자와 테이블의 해칭을
한 방향으로 그려줍니다.
그리고 테이블 옆면은 어두운
명암을 표현하기 위해서
크로스해칭을 여러 번 해줍니다.
(펜 0.1)

10

머그잔과 디저트의 테두리 선을 그려줍니다.
(펜 0.8)

11

머그잔과 접시에 그림을 참고하셔서 명암
을 해칭 한 번만 해서 표현합니다.(펜 0.8)
스콘에 있는 초코칩과 포크를 채색합니다.
머그잔과 접시의 그림자는 아래 이미지를
참고하셔서 크로스 해칭을 하며 그라데이
션을 표현합니다.(펜 0.1)
스콘에도 덩어리 감을 표현하기 위해
크로스 해칭으로 여러 번 겹쳐 채색합니다.
(식물 옆면에 해칭하며 그림자 표현을
해보세요)

컵 그림자

접시 그림자

12

테이블 윗면에 살짝 명암 표현으로
크로스 해칭을 합니다.

The Artist We Love

반 고흐, 우리가 그를 기억하는 방법

매거진 DRAW에서 창간호의 주제로 커피를 이야기하게 되었습니다. 미술에서 커피를 사랑한 작가로는 한국에서 가장 사랑받는 작가 빈센트 반 고흐가 떠오릅니다. 그래서 첫 번째 우리가 사랑한 예술가로 빈센트 반 고흐를 선정했습니다. 고흐와 관련된 영화를 통해 그의 작품과 그의 삶을 만나보려고 합니다.

가장 대중들에게 친숙하며 마음을 사로잡은 대표적인 그림은 단연 <별이 빛나는 밤>, <밤의 카페 테라스>일 것입니다. 화가보다 그림에 더 익숙한 반 고흐의 작품들은 우리의 마음을 설레게 합니다. 현재 반 고흐의 작품들은 억대의 가치를 가지고 있지만 고흐가 살아생전에는 가난에 허덕이며 단 한 작품만이 팔렸다는 사실 알고 계십니까? 고흐가 죽은 지 130년이 지난 지금, 시간이 지날수록 우리 가슴 속에 그의 작품이 더욱 빛나는 이유는 고흐의 그림이 그의 삶의 언어이자 빛이기 때문일 것입니다. 이렇듯 가난과 질병의 처절함 속에서도 사람들에게 그림으로 희망과 위안을 선사한 고흐를 다양한 방법으로 기억하려는 사람들이 많습니다. 또 그의 일생이 영화로도 제작되어 사람들은 다시 인간 반 고흐를 만나게 됩니다. 지금 여기, 컬쳐에서 '빈센트 반 고흐' 로 그와의 여행을 시작해 봅니다.

Loving Vincent
2017

「러빙 빈센트」 영화는 영화의 모든 등장인물과 배경을 고흐가 그렸던 그림을 베이스로 하여 제작한 애니메이션 영화입니다. <별이 빛나는 밤>의 배경을 시작으로 그 아래는 <노란 집>으로 이어집니다. <노란집> 안을 들어가면 "아, 이 그림!"하며 한 번쯤은 보았을 그림 속 인물들이 살아 움직이는 모습이 여간 반가운 게 아닙니다. 이 영화는 고흐의 죽음 1년 후, 아르망이 집배원인 아버지의 부탁을 받고 빈센트의 편지를 배달하기 위해 그가 마지막으로 살았던 오베르를 찾아가 미스터리한 고흐의 죽음을 추적해가며 전개됩니다. 영화를 보다 보면 아르망의 모습에서 나의 모습을 보게 됩니다.

"나랑 무슨 상관이죠? 죽은 사람 편지를 왜 전달하라는 거죠?"

아르망은 평소 미치광이로 소문난 고흐의 단편적인 모습만 기억하고 냉소적으로 말합니다. 이 부분에서 마치 고흐의 삶 보다는 형식적인 일대기만 기억했던 나 자신을 발견하며 부끄러워졌습니다. 영화를 보는 내내 아르망과 함께 나는 고흐의 마지막을 추적하며 새로운 사실들을 알아가게 되는데요.

빈센트를 그리워하는 여인 마르그리트, 가장 가까운 곳에서 그를 지켜봤던 아들린, 빈센트의 비밀을 알고 있는 닥터 폴 가셰라는 반 고흐의 죽기 전 가장 가까웠던 사람들의 이야기를 통해 그에 대해 몰랐던 사실적인 삶을 따라가게 됩니다. 따라서 그의 죽음을 알아가는 과정에서 가난과 외로움, 희망과 열정의 인간적인 모습에서 연민을 느끼게 해줍니다. 결국 자살이냐 타살이냐 여러 의문을 남긴 그의 죽음은 자살보다는 타살로 기울어집니다. 여러 정황들을 조합하며 그가 타살일 것이라고 입증하려 주변을 계속 의심하게 됩니다. 꼭 남겨진 사람들이 해결해야 할 숙제처럼 느껴지죠.

"당신은 그의 죽음에 대해 그렇게나 궁금해하면서, 그의 삶에 대해선 얼마나 알죠?"

아들린의 이 한마디가 아르망과 나를 침묵하게 합니다. 마치 나에게 따가운 충고를 하는 듯하죠. 갑자기 고흐에게 미안해집니다. 그의 죽음을 이야기하기 전에 그의 삶을 한 번쯤 진지하게 들여다보았는지, 인간 반 고흐에 대해서 얼마나 알려고 했었는지... 영화는 고흐의 죽음에서 삶을 이야기 해 줍니다.

그의 죽음 앞에 우리가 할 수 있는 것은 무엇일까?

영화의 마지막은 고흐의 <론강의 별이 빛나는 밤>으로 장식합니다. 그가 남긴 어두운 밤의 찬란한 별을 보며 우리는 인간 반 고흐를 기억합니다.

고흐, 영원의 문에서

2018

인간 빈센트 반 고흐를 만나고자 한다면 이 영화를 추천합니다.

이 영화는 고흐의 일생을 다루기보다는 아를 시절부터 죽음에 이르는 2년간 고흐의 내면을 더 집중적으로 다루고 있습니다. 카메라가 1인칭 시점에서 고흐의 시선에 따라 움직이기에 그의 삶을 이해하는 데 도움이 됩니다. 특히 고흐가 자연을 사랑했던 것만큼 자연을 마주하는 고흐의 다채로운 모습을 오랫동안 보여주기도 하는데요. 장엄한 자연을 담은 영상미는 장관을 연출합니다. 그 웅장하고 아름다운 자연의 틈 속에 그림 도구를 챙겨 걸어가는 고흐의 뒷모습이 잊히지 않습니다. 매일 그렇게 자연으로 걸어갔을 빈센트... 그의 고독한 뒷모습을 붙잡고 말을 걸어보기도 하고 그저 그와 함께 걷고 싶은 생각이 스쳐 지나갑니다.

"편평한 풍경을 마주하면 내겐 영원만이 보인다. 나에게만 보이는 걸까? 존재엔 분명 이유가 있을 텐데."

고흐 역의 윌렘 대포를 통해서 고흐가 자연을 어떻게 바라보는지 짐작하게 합니다. 그 눈은 진심이 담겨있습니다. 빛을 보고, 바람을 느끼고, 흙을 만지고 냄새를 맡으며 온 감각을 동원하여 자연을 만끽합니다. 눈에 보이던 보이지 않던 모든 물질에서 존재 이유를 찾고 있죠. 동시에 자기 자신의 존재 이유, 삶의 의미를 끊임없이 질문하고 있는 것 같습니다. 간질병과 가난, 조롱의 시선과 외로움이 극에 달한 고흐 자신의 삶을 자연에서 위로와 자유를 얻는 것 같습니다. 그리곤 이내 모든 감각의 열정을 담아 그림을 그리기 시작합니다. 고흐, 자신의 존재 이유는 영원을 담아 그림을 그리는 것. 신이 창조한 자연의 모든 것에는 무의미한 것이 없습니다.

"그림을 왜 그리죠?"
"아름답지 않나요? 모든 꽃이 그렇듯 이 꽃들은 시들면 죽어요. 하지만 내 그림은 죽지 않아요."

고흐는 자신의 그림 속에선 죽지 않고 영원히 살아있다고 말합니다. 그것을 사람들에게도 느끼게 해주고 싶다고 하죠. 고흐와 닥터 폴 가셰가 나누는 대화에서 가셰가 고흐에게 영원이 무엇이냐고 묻습니다. "time to come" 다가올 시간, 시간은 지나가기도 하고 다가오기도 합니다. 자연은 영원하고, 그림은 영원히 남죠. 시간을 초월하는 영원성은 우리가 지금도 그의 작품을 통해 여전히 살아있는 고흐를 느끼기 때문입니다.

반 고흐: 위대한 유산

2013

빈센트 반 고흐와 그의 조카인 빌렘 반 고흐에 대한 이야기입니다. 영화의 제목처럼 고흐의 위대한 유산을 마다할 사람이 있겠냐마는 조카 빌렘은 마냥 좋아할 순 없었던 모양입니다. 일반적으로 유산이라 하면 경제적 가치가 있어야 하는데 팔리지 않은 고흐의 작품은 돈이 되지 않아 팔 수도 소장할 수도 없는 짐 같은 존재였죠. 원망도 합니다. 고흐의 작품을 팔아 더 이상의 중압감에 시달리지 않는 것이 그의 목표였습니다.

"그림을 갑자기 다 팔아버리면... 그럴 준비가 안 됐어."

하지만 빌렘은 이중적인 태도를 보입니다. 고흐의 작품을 팔기 위해 파리로 가게 되면서 고흐의 흔적들을 밟아보며 점차 고흐를 이해하고 마음을 열죠. 마음이 혼란스럽습니다. 여기서 흥미로운 설정은 현재의 빌렘과 과거의 고흐가 서로 교차하며 스토리가 전개되고 있는 것입니다. 빌렘은 느낍니다. 시대는 다르지만, 고흐가 있었던 그 공간에서, 고흐가 그렸던 그림에서, 그를 기억하는 사람들에게서 그의 삶을 만나봅니다. 그것이 가능했던 것은 고흐의 작품들을 통해서입니다. 고흐의 작품이 과거와 현재를 연결하고 있죠. 두 사람을 이어줍니다. 예술은 정말 위대합니다. 우리는 그 과정에서 고흐의 일대기와 작품이 탄생한 배경을 보며 더 애틋해집니다. 후에 빌렘은 고흐 미술관을 개관하여 많은 사람들에게서 고흐의 예술성을 높이 평가받습니다. 사람들은 고흐의 예술 작품을 보며 과거와 현재, 미래의 공존을 경험하게 됩니다.

"사람들을 감동하게 하는 그림을 그리고 싶다."

고흐의 바람대로 수많은 사람들이 그의 열정의 불로 다가옵니다.

글 · 그림 이지선

Photographer AlinaSepp

Coffee illustrator

Anna Gorvits

에디터 **오동규** 포토그래퍼 AlinaSepp, Alicia Benattar

Coffee illustrator

Anna Gorvits

MOKAPOT colored with coffee

Cup Girl Triptych colored with coffee

Croissants colored with coffee

Coffee illustrator

Anna Gorvits

Coffee colored with coffee

Q 안녕하세요. 자기소개 부탁드립니다.

A 안녕하세요. 저는 모스크바에서 태어나 2005년까지 그곳에서 공부했어요. 저는 평생 그림을 그렸어요. 할아버지가 건축가이셨는데, 저와 많은 시간을 보냈었죠. 저는 어린 시절 내내 예술과 건축을 공부했어요. 하지만 젊을 때는 다른 것을 시도하고 싶잖아요. 저에게 그것은 영화와 사진이었어요.

Q 어떻게 파리에서 활동하게 되셨나요?

A 영화학교 2학년 때 반에서 제일 친한 친구가 갑자기 파리로 떠났는데, 친구가 저를 불렀죠. 실제 영화를 공부하고 싶으면 파리로 와야 한다고. 저는 바로 프랑스어를 공부하기 시작했어요. 그리고 9월에 생일 선물로 일주일간 친구를 만나러 왔죠. 그리고 저는 파리와 사랑에 빠졌어요! 그래서 2005년 1월에 공부하면서 머물겠다는 생각으로 이곳 파리로 오게 되었어요. 저는 거의 5월까지 일주일에 28시간 동안 프랑스어 수업을 받았고, 정말로 빨리 발전했죠. 저는 정말로 이곳 파리에서 공부하고 싶었어요. 그리고 5월에 파리에 있는 3~4군데 영화학교에 지원했고 합격했어요. 선택하는 것만 남았죠! 솔직히 말하면 부모님은 정말 놀라셨어요. 제가 그렇게 빨리할 수 있을 거라고는 생각하지 못하셨거든요! 그렇게 저의 파리지앵 생활이 시작되었어요.

영화학교 CLCF(Conservatoire Libre du Cinéma Français) 이후에 저는 사진을 공부했어요. 처음에는 필름 사진, 그다음에 디지털이었죠. 그래서 거의 10년 동안 사진작가로 일했어요. 이상하게 보일 수도 있지만 익스트림 스포츠 사진작가였어요:) BMX & skate! 그리고 많은 국제 문제를 위해 일했어요. 파리에 살면 늘 예술에 둘러싸여 있어요. 당신이 무엇을 하든지. 저는 여기에 사는 모든 사람에게는 예술적인 무언가를 가지고 있다고 확신해요. 은행장이라고 해도 발코니에서 유화를 그리거나 주말에는 독립영화에 대한 평론을 쓸 거예요. 이곳이 파리죠!

When you live in Paris, you are always surrounded by art. Whatever you do. I'm convinced that everyone who lives here has something artistic in him. Even if you are a bank manager, you will do some oil painting on your balcony, or writing critique articles for independent cinema on the weekends. It's Paris!

Photographer AlinaSepp

Q 실제 커피로 그린 작가님의 그림이 참 인상적입니다. 딸 엘리스 때문에 우연히 커피숍에서 시작되었다고 들었는데, 커피와 인연을 맺게 된 사연을 좀 더 자세하게 말씀해 주실래요?

A 제 딸 엘리스는 2011년에 태어났어요. 그리고 엘리스는 저에게 엄청난 영감의 원천이 되었어요. 저는 엘리스를 위해 그림을 그리기 시작했고, 책을 만들고, 동화를 만들고, 노래를 쓰기까지 했으니까요.

이미 알다시피 저는 첫눈에 파리와 사랑에 빠졌어요. 진정한 사랑은 절대 사라지지 않잖아요. 저는 평소 지식과 취미를 공유하는 것을 좋아해서 파리의 개인 가이드 투어를 시작했어요. 저는 제가 관심 있는 일을 할 때에는 항상 실제적인 프로젝트를 만드는 것을 좋아해요. 그래서 저는 저 자신에게 "나는 파리에 관한 책을 만들 거야! 아직 존재하지 않는 것으로! 근데 무엇을? 그리고 어떻게? 걱정하지 마! 곧 엘리스와 파리 그리고 관광 사이에 무언가 연결 고리가 생길 거야!"라고 말했어요. 저는 항상 커피 중독이었어요. 특히 스페셜티 커피를 좋아해요. 파리의 테라스와 분위기 그리고 커피숍을 사랑하거든요.

엘리스가 5살이던 어느 날, 제가 학교로 데리러 갔는데, 엘리스가 저에게 말하는 거에요. "엄마, 우리 집에 가기 전에 커피 한잔하러 갈래요?" (엘리스는 저를 잘 알고 있어요. 그것은 무엇인가 함께 하자고 하면, 아마 핫초코를 사줄 거라는 것을 뜻해요). 당연히 거절할 수 없었죠. 그래서 우리는 커피숍으로 갔는데 거기서 바닥에 떨어진 붓을 발견하는 마법이 일어났어요.

"엄마, 여기 봐 진짜 붓이 있어요! 그림 그리고 싶어! 지금!"
"엘리스, 지금은 물감이 없는데. 아~잠깐. 내 커피로 해봐." 그리고 엘리스는 스케치를 시작했어요. 나는 엘리스를 잠시 지켜보다가 말했어요. "나도 해볼까?"
이것이 바로 이 모든 커피 그리기 모험의 시작이었어요!

그 후 나는 모든 종류의 커피를 사용해 보았어요. 에스프레소, 우유가 든 커피, 설탕이 있거나 없는 커피, 캡슐, 인스턴트 등 모든 종류의 커피! 그런 다음 제가 원하던 아직 존재하지 않는 파리에 대한 책을 만들 아이디어가 생겼어요. 그것은 파리의 커피숍에 대한 책이고 전적으로 실제 커피로 그려져야 한다는 것이에요. 덧붙이자면 엘리스는 이제 10살인데, 여전히 저의 일러스트레이션에 대해 말해요. "그건 제 컨셉이에요!"

플러스 파리 +82
Korean Dessert Cafe

LOUTSA
Roasting Cafe - Green Beans

Q 커피 일러스트를 그릴 때 가장 어려운 점은 무엇인가요? 주로 어떤 재료들과 함께 작업하나요?

A 사실 커피로 그리는 것은 어려운 일이 아니에요. 정말로. 그것은 아주 즐겁고 재미있어요. 제 그림에는 모두 좋은 냄새가 나죠. 그리고 비상시(커피가 필요할 때) 언제든지 일러스트레이션에서 커피 향을 느낄 수 있어요! 커피로 그린 그림은 수정 없이 마무리가 되죠. 그래서 그림에는 커피 향이 나요. 영원히! 잘 모르겠지만 어려움에 대해 말해야 한다면 한가지는 그림 그리는 과정에서 나만의 특별함을 찾는 것이 길었다는 것뿐이에요.

우리 책 "Paris Coffee"의 첫 번째 권을 위해 다양한 식용 물감을 사용했어요. 녹색을 위해서는 말차를, 노란색을 위해서는 강황을 그리고 당신은 제가 블루를 위해 무엇을 사용했는지 결코 짐작할 수 없을 거예요. 바로 적포도주에요.

2권에서는 수채화를 직접 만들고 있는 Nouvelle Vague Couleurs의 Catherine과 콜라보레이션을 했어요. 그래서 그녀에게 12가지 색상을 만들어 달라고 부탁했죠. 특히 이 책을 위해서요!

See you from my window

Paris18.France

Q 'See you from my window'라는 프로젝트가 매우 인상적입니다. 이 프로젝트는 어떻게 시작하게 되었나요?

A 오! 저는 이 프로젝트를 아주 좋아해요! 저는 이것을 편집해서 세상에 보여주는 것이 꿈이에요. 왜냐하면 이 프로젝트는 나만의 것이 아니기 때문이에요. 많은 사람이 이 프로젝트에 참여했는데, 이 모든 것은 2020년 3월에 있었던 첫 번째 코로나19 봉쇄 기간에 시작되었어요. 저는 Facebook에서 키예프의 한 소녀가 올린 창문 풍경 사진을 보았는데, 그녀는 이렇게 글을 달았어요. "맙소사, 이제 두 달 동안 이 창문만 봐야 하는 거야?" 이것은 저에게 매우 새롭고 그래픽적이었어요. 그래서 저는 그녀에게 이 창문 사진을 그림으로 그려도 되는지 물었죠, 그녀는 "물론이에요, 마음껏 하세요"라고 얘기해 줬어요. 저는 'See you from my window'라는 해시태그와 함께 그림을 그려 올렸는데, 며칠 뒤 전 세계 사람들로부터 나와 공유하려고 하는 그들의 창문 뷰 사진을 350장 이상 받았어요.

I made myself a challenge to draw one view for each lockdown day. In the end of Parisian lockdown I had 55 views. From everywhere! Bali, Germany, Denmark, Ukraine, Emirates, Italy, Scotland, Australia, Poland, Russia, Georgia, Guatemala, USA…

San Paolo.Brazil

Challes-les-Eaux.France

Moscow.Russia

Kuala Lumpur.Malaysia

Paris11.France

Thuwal Makkah.Saudi Arabia

Bali.Indonesia

I was drawing with alcohol markers, I love the way how I can mix colours. This project made me travel around the world during the lockdown. And people were happy with my drawings.

저는 봉쇄된 날마다 하나의 뷰를 그리기로 마음먹었고, 파리 봉쇄가 끝날 무렵 55개의 멋진 창문 뷰를 가질 수 있게 되었죠. 발리, 독일, 덴마크, 우크라이나, 에미레이트, 이탈리아, 스코틀랜드, 호주, 폴란드, 러시아, 조지아, 과테말라, 미국 등 온 세상의 멋진 창문 뷰를 말이에요. 저는 알코올 마카로 이 그림들을 그렸는데 색상을 혼합해서 사용하는 것을 아주 좋아하기 때문이죠. 이 프로젝트는 봉쇄 기간에 저를 전 세계로 여행하게 해주었어요. 그리고 사람들은 내 그림으로 행복했어요.

Photographer Alicia Benattar

Q 여행을 좋아하는 것 같아요. 가본 곳 중 가장 기억에 남는 곳과 가고 싶은 곳은 어디인가요?

A 유럽을 많이 여행했지만, 아시아나 미국은 한 번도 가본 적이 없어요. 한국과 일본을 방문하고 싶어요, 그리고 커피가 자라는 모든 나라도요. :) 스칸디나비아의 북섬, 인도네시아의 발리에도 가보고 싶고요. 저는 삶에 대해, 사람에 대해 매우 호기심이 많아요. 그래서 당연히 전 세계를 여행하는 꿈을 꾸죠.

Q 그림 작업이 아닌 개인이나 기업을 대상으로 수업을 진행하시는 것 같은데 수업은 어떻게 진행되는지 궁금합니다.

A 앞에서 말했듯이 저는 지식을 나누는 것을 좋아해요. 17살부터 매년 여름 아버지가 만든 어린이 창의 교육캠프 Junio-R에서 일했어요. 그래서 수업을 하는 데 익숙해요. 봉쇄로 인해 캠프에 갈 수 없었던 2년 동안 나는 그것을 많이 그리워했어요. 그래서 저는 온라인 드로잉 수업으로 시작한 다음 Le Paon과 함께 일하기 시작했어요.

저는 새로운 것을 시도하고자 하는 분을 보는 것에 매우 행복해해요. 커피로 그리는 법을 가르칠 때 더 자주 마스터 클래스를 만들어요. 그림에는 기본이나 레벨이 필요하지 않아요. 커피로 그리는 것은 명상과 같거나 흑백 사진과 같아요. 단 하나의 색상에 많은 뉘앙스가 있죠. 인스턴트 커피, 물 한 컵, 붓, 수채화 용지 등 시작하는 데 많은 것이 필요하지 않아요. 저는 제 학생들과 같은 시간에 그림을 그리고 1~5시간의 수업이 끝나면 4~5개의 그림을 벽의 액자에 넣을 수 있어요. 언젠가 제 딸이 말했죠 "엄마, 사실 커피로 그린 그림은 망칠 수 없어. 몇 개의 점과 몇 개의 선을 그린 다음 벽에 붙여놓고 멍하니 예쁘다! 하잖아" 저는 칭찬으로 받아들이기로 했어요 :)

Q 그림 외에 좋아하는 취미나 여가 활동이 있나요?

A 그림이 첫 취미였는데 그림을 그리지 않을 때는 수업을 하거나 전시회 또는 커피나 일러스트레이션 관련 페스티벌에 참여해요. 그리고 제 딸이 태어난 이후로는 아이들을 위한 이야기를 쓰고 있죠. 그림을 그리거나 글을 쓰지 않을 때는 수업을 해요. 아마 저의 취미는 독서와 문학인 것 같아요. 읽는 것을 좋아하는데 마치 여행하는 것처럼 세상과 나를 동시에 발견하는 것 같아요. 저는 여전히 사진을 찍고, 영화 보는 것을 좋아해요. 그리고 요즘은 이탈리아어를 배우고 수영도 한답니다.

Q 좋아하거나 존경하는 아티스트가 있나요?

A 아티스트는 일러스트레이터나 화가를 의미하지 않아요. 저에게 아티스트는 창조하는 존재예요. 무엇이든! 나는 스스로 여유를 갖고 새로운 것을 창조할 수 있는 사람들을 존경해요. 일러스트레이터, 화가, 감독, 작가, 음악가 그리고 아이들! 새로운 세상을 만들어가는 사람들! 저는 그들을 아주 많이 존경한답니다!

Q 앞으로의 계획은 무엇인가요?

A 많은 계획이 있죠! '파리 커피' 2권을 만든 후, 더 많은 전 세계의 스페셜티 커피 가이드를 만드는 거예요! '서울 커피', '런던 커피', '베를린 커피', '도쿄 커피' 같은 거요. 또 저는 아이들의 책을 출판하고 그들을 위한 일러스트레이션을 그리고, 성인과 어린이를 위한 저만의 미술 학교를 열고 싶기도 해요! 저는 기꺼이 저와 함께 가르칠 재능 있고 마음이 열린 사람들을 많이 알고 있어요. 만화도 그리고, 전시회도 열고, 일러스트레이션도 많이 그리고 또 더 많은 사람과 소통하고 싶어요. 그리고 애니메이션 영화 만드는 법을 배우고 싶네요! 아마 배우려면 오래 걸리겠죠. :)

감사합니다. 이렇게 한국의 많은 일러스트레이터에게 저를 소개할 기회가 생겨 너무 행복해요. 한국의 출판사 화심헌에서 발행하는 magazine DRAW의 창간을 축하드리고 인스타그램으로 한국의 많은 분과 소통하고 싶어요.

Anna Gorvits
@drawing_paris
www.annagorvits.com

Photographer **Alicia Benattar**

FREE-LANCER
ILLUSTRATOR'S STORY

HAPPY TIME

커피로 행복해지기

illustrator • Lee Nalda

내게는 공휴일이 없다.
하루종일 집에서 일하다가
쉬고 싶은 시간에 쉬는 나는 프리랜서이다.

집돌이 나에게 커피와 로이는 항상 곁에 가까이 있다.
잠시 커피를 마시는 시간에 그 평온함이 전해지는 걸까?
이리저리 돌아다니던 로이도 내 옆에서 조용한 시간을 보낸다.

늘 집에서 작업하며 커피를 마시는 건 내가 행복해지기 위해서다.
촉박한 마감 시간에도 커피 한잔으로 여유로움을 즐기며
나의 작은 사치스러운 시간을 갖기도 한다.

나는 가끔 작업이 중반을 향해갈 때쯤
지루해하기도 그리고 작업의 방향이 잘못된 건 아닌지…
확신 없는 작업이 계속될 때는 밖으로 나간다.
가까운 동네 커피숍에 가서 커피 한잔에 의지하며 위로받기도 한다.

어느 날은 혼자 작업을 하는 것이 너무 외로울 때가 있다.
그러면 나는 탁 트이고 사람 많은 스타 커피숍으로 향한다.
그곳에서 가벼운 스케치를 하며 커피를 마신다.
복잡하고 시끄러운 그곳이 나에게 활력을 주기도 한다.

작업을 마감하는 시간엔 긴장감과 함께 짜릿함도 함께 느낀다.
이 시간에 커피는 꼭 함께해야 한다.

날씨 핑계로 문득 커피 한잔 생각이 나면
친구와 약속을 잡는다.
수다스럽게 이야기를 나눌 수 있는 탁 트인 넓은 카페에서
친구와 나는 좋은 이야기, 속상한 이야기, 궁금한 이야기로
시간을 보낸다.

기분 나아지라고 마시는 게 커피지.

BARISTA

illustrator • K. June

소리

나는 일러스트 프리랜서 일을 하며
작은 카페를 운영한다.

예전에 나는
낚시를 좋아하는 아버지가 이해되지 않았다.
어릴 적 아버지를 따라 몇 번 낚시를 갔다.
아버지는 매번 물소리 들으러 가자고 하셨다.
언제 잡힐 줄 모르는 물고기를 기다리며
아버지는 한참 동안 말이 없었다.
나 역시 말없이 기다려야 했다.
한참을 기다리는 조용한 그 시간에 물소리만 들리고 있었다.
그리고 조금씩 움직이는 물결 사이로 작은 요동이 쳤다.
물고기가 잡힌 걸까?
아버지는 살짝 입가를 움직이며 줄을 당겼다.
3시간 만에 물고기를 보게 되었다.

나는 매일 물을 따른다.
조심스럽게 떨어지는 물은 커피를 만나
촉촉이 젖어 들며 청아한 소리로 내려온다.

여과지 위에
하얗게 올라오는 거품에도 소리가 있다.
그 소리가 커피 향을 머금고 퍼지는 것을 느낀다.
늘 같은 일을 하는 나는 그 안에서 내가 좋아하는 소리를 듣는다.

조용한 시간에
내가 좋아하는 소리를 듣는 것이다.

SIMPLICITY
SIMPLICITY

첫 커피

MORNING

illustrator • RAMI

내가 꿈꾸는 모닝커피란 드라마에서처럼 아침에
브런치와 함께 마시거나 아니면 사랑하는 남편이 아침 일찍
커피 한잔을 내려 아직 잠이 덜 깬 사랑하는 아내에게
가져다주는 커피이다.

아침 출근 준비를 하는 내 집에는
맛있는 커피와 감탄을 자아내는 브런치도 없다.
그리고 늦잠을 잘 수도 없고,
꿈에나 있을 스윗한 남편도 없다.

나는 회사건물이 아닌 옆 건물 1층에 있는 작은 카페에서
모닝커피를 마시기 위해 출근 시간 30분 일찍 회사건물 앞에
도착한다.
이 시간은 나의 하루 중에서 오로지 나 자신을 위한 시간이다.
출근 후 일이라는 것에 묶여 자유롭지 못할
내 영혼을 달래는 시간이다.

오로지 혼자 마시고 싶고 누구에게도 방해받고 싶지 않다.
그리고 매번 익숙해지지도 애정이 생기지도 않는 이 출근을
나 자신이 받아들일 수 있게 마음의 준비를 하게 해주는 것이
아침의 커피 한잔이다.

아침이 되어 좋은 것이 하나 있다면
모닝커피 때문일지도.

CAFE

illustrator • Woo Yeon-A

대화

매일은 아니지만, 이틀에 한 번은 꼭 카페에 간다.
카페에 가지 않는 날이더라도
테이크아웃 커피를 마신다.
회사에서도 늘 커피를 마신다.
하지만 나에게 가장 커피답게 마시는 시간은
카페에서 마실 때다.

카페에서는 많은 사람들이 이야기한다.
오랜만엔 만난 친구들
늘 만나는 연인
번잡한 곳에서 작업을 하는 사람들
그리고 단지 커피를 마시고 싶어 온 사람들
카페에서는 많은 대화가 오고 간다.
친구와 어떤 이야기를 할 때마다
잠시 쉬어가는 타임에 커피 한 모금
다시 감정을 잡아야 할 때 커피 한 모금
내 마음을 비워야 할 때 커피 한 모금
기억을 가져와야 할 때 커피 한 모금
싫은 감정을 순간 떨쳐버려야 하는 순간에도
커피 한 모금을

우리들은 원하는 주제든 원하지 않는 주제든
그 대화 속에서 오고 가는 말들은
잊고 싶은 것을 멀리 던져버리기도 하고
좋아하는 것을 확인시켜 주기도 한다.
그것이 서로의 공감으로 이어지면
동지애로 서로 위로하기도 한다.

그것들이 행해지는 곳이 카페다.
많은 일들이 입과 귀를 통해 대화로 감정이 전달되는 이 순간에
커피는 우리의 스팩타클한 대화의 중화제이다.

대화는 늘 꼭 필요하다.
그래서 커피도 매일 필요하다.
나라는 사람이 매일 무던하게 살려면 말이다.

ZECCHI
COLORI · BELLE ARTI · RESTAURO
ZECCHI
COLORI BELLE ARTI RESTAURO

Via dello Studio, 19, 50122 Firenze FI, Italy

ZECCHI
Italy
Firenze

르네상스를 복원한 대표적인 화방

일러스트레이터들에게 가장 가고 싶은 도시는 어디일까? 아마도 이탈리아 피렌체를 뽑는 작가들이 많지 않을까? 레오나르도 다빈치와 미켈란젤로 그리고 <비너스의 탄생>을 그린 보티첼리까지 15세기 르네상스의 부흥을 이끈 이 화려한 천재 화가들의 흔적이 고스란히 남아있는 피렌체! 이곳에 600년이 넘는 역사적인 건물에 자리한 작은 화방이 있다. 바로 제키화방이다.

art supplies

interior of a store

Zecchi

Colori · Belle Arti · Restauro

피렌체
제키화방

그림. http://www.zecchi.it

피렌체의 제키화방은 두오모(Duomo) 성당에서 불과 몇 걸음 거리에 있는 피렌체의 중심부에 위치해 있다. 이곳의 건물은 프레스코화로 표시된 것처럼 1348년의 피렌체 최초의 대학인 고대 'Studio Fiorentino'의 일부라고 한다. 이것이 현재의 거리 이름이 되었는데 수 세기 동안 이 거리에 위치한 페인트 가게는 항상 피렌체 장인과 화가들에게 중요한 장소였다고 한다.

1950년에 사업을 시작한 Zecchi 화방은 르네상스 시대의 화가들이 사용했던 색상과 재료를 찾아 되살리거나 재현하는 데 성공하였고, 주요 피렌체 예술 작품의 회화복원 프로젝트에 참여했다고 한다.

예전에 피렌체를 배경으로 한 영화 [냉정과 열정 사이]를 재미있게 본 기억이 난다. 영화에서 남자주인공 준세이는 회화 복원사로 나오는데 주인공이 회화를 복원하면서 재료가 떨어지면 재키화방에 자전거나 오토바이를 타고 달려가 사오곤 했던 장면이 떠오른다.

재키화방은 Zecchi성의 가족회사라고 하는데, 가게는 작지만 다양하고 많은 미술 용품이 있고, 또 가족회사라 그런지 직원들이 아주 친절하다. 직접 생산하는 고체 물감은 한국의 일러스트레이터들에게도 아주 인기가 있다고 하는데 회화의 도시 피렌체를 방문할 경우 재키화방에 들려보길 추천한다.

글. 오동규

영화 [냉정과 열정사이] 2003

Coffee
History

일러스트레이터 서준

6세기

커피의 발견

옛날 6세기경 아프리카 에티오피아의 카파(Kaffa)라는 지역에 염소를 기르는 목동 칼디라는 소년이 있었다고 한다. 어느 날 칼디는 염소들이 붉은 열매를 먹고 흥분하는 것을 보고 이 열매를 사원의 수도사에게 가져갔는데 수도사가 이 열매를 불 속에 넣자 향기로운 냄새가 나서 열매를 맛보았더니 졸음을 쫓고 기운이 솟아나는 것을 느끼고 밤새 기도를 해도 지치지 않았다고 한다. 이후 이 열매는 이슬람 수도사들 사이에 널리 퍼져 종교적인 목적으로 많이 사용되었다고 한다.

* 커피(Coffee)라는 이름은 에티오피아의 카파(Kaffa)라는 지역명에서 유래했다.
이 지역에는 지금도 야생의 커피나무들이 새롭게 자라고 있다.

11세기

커피 경작의 시작

예멘은 최초로 커피를 재배한 나라이며, 최초로 커피 무역을 시작한 나라이다. 11세기경 커피는 아프리카 에티오피아에서 홍해 건너 아라비아반도 남쪽의 예멘으로 전해져 본격적으로 경작되기 시작하였고, 예멘의 모카항을 통해서 외국으로 수출되었다. 16세기 말까지 커피는 이곳 예멘에서만 재배되었는데 예멘은 외국으로 커피 종자가 유출되는 것을 막기 위해 커피를 불에 볶아 수출하여 최초로 커피 로스팅을 한 곳이기도 하다. 특히 예멘의 마타리 지역은 해발고도 1,300m의 고산 지대로 우수한 품질의 커피가 생산되는데 예멘에서 생산되는 예멘 모카 마타리는 하와이안 코나, 자메이카 블루마운틴과 더불어 세계 3대 커피로 불린다. 모카항이 커피 무역으로 유명해지자 사람들은 예멘 커피를 모카커피라고 불렀다. 특히 모카커피는 특유의 초콜릿 향이 짙어서 이후 초콜릿 향이 나는 모든 커피를 모카커피라고 부르게 되었다고 한다.

* 예멘 모카 마타리는 빈센트 반 고흐가 좋아한 커피로도 유명하다.

15세기

커피하우스의 시작

예멘에서 점차 중동의 여러 이슬람 나라로 전해진 커피는 15세기와 16세기를 거치면서 오스만 제국의 수도인 콘스탄티노플(현재 터키의 이스탄불)에서 꽃을 피웠다. 오늘날의 커피숍과 비슷한 세계 최초의 커피하우스인 '키바 한(Kiva Han)'이 1475년에 터키의 수도 이스탄불에 개점했다. 이곳은 주로 당대의 지식인들이 모여 음악을 듣거나 체스를 두기도 했고, 예술과 문학, 정치 등을 논하거나 예술공연 등이 열리기도 했다. 당시 이런 커피하우스가 이스탄불에만 600개가 넘을 정도로 많은 인기를 끌었다고 한다.

* 키바 한(Kiva Han)은 커피(Kiva)의 집(Han)이라는 뜻이다.

17세기

커피의 유럽 진출

이스탄불에 주재한 유럽의 외교관들에 의해 커피는 점점 유럽에 알려지게 되었는데, 당시 유럽인들은 커피를 사탄의 음료라고 하였다. 하지만 1603년 커피 맛에 반한 교황 클레멘스 8세가 커피에 세례를 주면서 커피를 기독교인들의 음료로 공인한 이후 본격적으로 유럽인들이 커피를 마시기 시작했다.

1615년부터 베네치아 상인들이 예멘의 모카항에서 커피를 수입해 유럽 전역으로 공급하기 시작했고, 1645년 베네치아에 유럽 최초의 커피하우스 '보테가 델 카페(Bottega del Caffe)'를 시작으로 유럽 전역에 커피하우스가 등장하였다. 1650년 옥스퍼드에 영국 최초의 커피하우스가 문을 열었고, 1686년 파리에 프랑스 최초의 커피하우스 '카페 프로코프(Cafe Procope)'가 문을 열었다.

그리고 1720년 이탈리아 베네치아 산 마르코 광장에 당시 유일하게 여성 출입이 가능한 '카페 플로리안(Cafe Florian)'이 문을 열었는데 카사노바와 괴테 등 유명 인사들의 방문이 줄을 이었다. 특히, '카페 프로코프'와 '카페 플로리안'은 지금까지도 운영되고 있는 곳으로 유명하다.

유럽에 커피 수요가 증가하자 모카항에서 들여오는 커피만으로는 공급이 부족해졌다. 이에 네덜란드는 예멘에서 몰래 커피나무를 훔쳐 인도네시아 자바섬에 대규모 커피농장을 건설했다. 이후 자바커피 생산량은 모카커피 생산량을 초월하였는데, 네덜란드의 커피 산업은 1850년대 네덜란드 재정수입의 30%를 차지하기도 하였다.

18~19 세기

미국의 독립선언과 서부 개척 시대

1773년 일어난 보스턴 차 사건은 영국을 향한 미국의 독립선언과 독립 전쟁의 기폭제가 되었다. 미국은 영국 차에 대한 강력한 불매운동을 일으켰고, 영국의 식민 통치를 벗어나고자 영국과의 독립전쟁을 시작했다. 당시의 미국인들은 차를 마시는 대신 커피를 마시는 것을 애국적인 행동으로 여겼다. 1776년 7월 4일 미국의 독립선언서를 낭독하였던 곳은 다름 아닌 필라델피아의 '번치 오브 그레이프스(Bunch of Grapes)'라는 커피하우스였다.

1848년 캘리포니아에 금광이 발견되면서 미국은 본격적인 서부 개척 시대로 접어들었다. 젊은 카우보이들이 골드러시에 뛰어들었고, 밤에 야영하면서 거름망을 쓰지 않고 주전자에 커피와 물을 듬뿍 넣어서 팔팔 끓인 다음 커피 가루가 가라앉으면 천천히 따라 마셨는데 이를 카우보이 커피라고 불렀다. 이 시절 미국은 유럽에 비해 커피하우스가 급속히 발달하지는 않았다. 하지만 커피 최대생산지인 브라질에 인접한 미국의 커피 시장은 간편함과 속도를 키워드로 하여 빠르게 성장했다.

20 세기

현대커피의 새로운 물결

인스턴트 커피 전성시대 [제1의 물결]

20세기 초는 전 세계가 전쟁의 소용돌이 속에 있었다. 급속한 산업화의 영향으로 엄청난 양의 상품들이 생산되었고, 각 국가는 상품을 내다 팔 식민지가 필요하게 되었다.
이러한 배경에서 발발한 세계 제1차대전과, 세계 제2차대전 그리고 한국전쟁은 커피산업에도 엄청난 영향을 끼쳤다. 산업현장에서는 밤낮없이 일해야 했고, 전쟁터의 참호 속에서는 지친 군인들에게 따뜻한 무언가가 필요했는데 이러한 시대에 등장한 것이 바로 인스턴트 커피이다.

커피를 품질보다는 각성제로 인식했다. 사람들은 빠르고 간편하게 마실 수 있는 커피를 원했다. 그래서 1910년 G워싱턴이 최초의 인스턴트 커피를 대량생산 하기 시작했고, 1938년 스위스에 본사를 둔 네슬레가 만든 인스턴트 커피는 세계적으로 엄청난 히트를 했다.
각 공장과 사무실에 커피믹스가 비치되었으며 사람들은 커피를 마시며 피곤함과 졸음을 쫓았다. 이때 생겨난 말이 'Coffee Break'이다. 이 시기를 커피의 제1의 물결이라고 한다.

프랜차이즈 커피 전성시대 [제2의 물결]

인스턴트 커피가 주를 이루던 시기인 1970년대 초에 조금씩 신선한 원두커피를 찾는 사람들이 하나둘 등장하기 시작했다. 그리고 인스턴트 커피보다 2배 진한 다크로스트 커피를 판매하는 가게들이 생기기 시작했다.

1971년 센프란시스코 대학 동창생인 제리볼드윈, 고든바우크 그리고 지브시글은 시애틀에 다크로스트 커피 원두를 파는 커피스토어를 오픈하고, 가게 이름을 스타벅스 Starbucks라고 지었다. 허먼멜빌의 소설 모비딕(Moby Dick)에서 언제나 지혜롭고 합리적인 의견을 제시하는 일등항해사 '스타벅'의 이름에서 따왔다. 로고에는 항해사를 유혹하는 두 꼬리 달린 인어 세이런 Siren을 그려 넣었다. 단순 커피 원두를 파는 가게였던 스타벅스는 1982년 마케팅 담당자로 스타벅스에 입사한 하워드슐츠가 1987년 스타벅스를 인수한 다음에 이탈리아의 커피바를 미국식으로 재해석한 카페로 변신시켜 대성공을 거두었다. 스타벅스는 전 세계로 매장을 넓혀 나가며 카페의 스타일과 고급 원두커피의 표준을 만들며 프랜차이즈 커피 전성시대를 이끌었다. 이 시기를 커피의 제2의 물결이라고 한다.

로스터리(Roastery) 커피전문점 시대 [제3의 물결]

사람들은 익숙한 맛을 좋아하지만 동시에 남들과 다른 새로운 것을 찾는다. 커피의 생산지는 어디인지? 어떤 로스팅을 한 커피인지? 커피 추출은 어떤 방식으로 했는지? 그래서 사람들은 커피 원두의 개성을 제대로 느끼기 위해 스페셜티 커피와 싱글오리진 커피에 관심을 가지고, 핸드드립 등 다양한 추출방식으로 나만의 특별한 커피를 찾기 시작했는데 이러한 흐름이 커피의 제3의 물결을 만들었다.

이러한 흐름을 선도한 기업은 블루보틀이다. 클라리넷 연주자인 제임스 프리먼이 2002년 캘리포니아의 작은 창고에서 시작한 블루보틀은 커피계의 애플로 불린다. 블루보틀의 이름은 1683년 빈 전투의 영웅 프란츠 콜시츠키가 개업한 오스트리아 빈 최초의 카페 이름인 '푸른병의 집'에서 따왔다고 한다. 로스팅한지 48시간 이내의 신선한 원두만을 사용해 바리스타가 직접 핸드드립으로 내려주는 아주 느린 방식을 채택했지만, 블루보틀 카페에는 특별한 커피를 찾는 고객들로 길게 줄을 섰다. 이처럼 원두 생산지와 직거래를 하거나 매장 내에서 직접 원두를 볶고, 스페셜티 커피, 싱글오리진 커피를 소비자가 직접 선택한 추출 방법으로 커피 본연의 맛을 제공하는 카페들을 '로스터리(Roastery) 커피전문점'이라고 부른다. 이들이 커피의 새로운 역사를 써 내려가며 커피의 제3의 물결을 만들고 있다.

* 스페셜티 커피 : 미국 스페셜티 커피 협회(SCAA)'의 평가를 거쳐 기준점수 80점 이상을 받은 우수한 등급의 커피
* 싱글오리진 커피 : 오직 한 곳에서만 생산된 단일 품종의 커피

"커피는 지옥처럼 검고, 죽음처럼 강하고, 사랑처럼 달콤해야 한다."

"Coffee should be black as hell, strong as death, and sweet as love."

터키속담

라 떼 아 트

latteart

한국인 최초로 라떼아트 세계 대회에서 세계 최초 그랜드슬램을
달성한 커피 바리스타 엄폴(본명 엄성진)을 만나다.

그림을 사랑한
커피 바리스타
엄폴

Latte Art

라떼아트(Latte Art)는 우유를 뜻하는 이탈리아어
라떼(Latte)와 아트(Art)라는 영어가 합쳐진 단어로
커피 위에 스팀한 우유로 그림을 그리는 것을 말한다.

Q 자기소개와 라떼아트를 시작하게 된 스토리가 궁금합니다.

A 안녕하세요. 저는 커피 닥터 & 미스터 노프라블럼 엄폴입니다. 현재는 (주)로앤엄의 CTO로 있으며, 커피 위에 그림을 그리는 라떼아트 커피 바리스타입니다.

라떼아트가 저를 끌어당겼어요. 그때가 2004년 겨울이었어요. 2평 정도 되는 작은 카페에 커피를 마시려고 들렀다가 제가 당시에 좋아하던 카페모카를 주문했어요. 커피가 나오길 기다리면서 옆을 봤는데 옆에 앉아 있던 손님의 카푸치노 커피 위에 초콜릿 소스로 꽃이 그려져 있더라고요. 그래서 빤히 쳐다보고 있는데 사장님이 라떼아트라고

이야기를 해주었고, 그 후에 그 까페를 매일 가게 되었어요. 그리고 그곳에서 무급으로 일하면서 커피와의 인연을 쌓게 되었죠. 그렇게 저도 모르는 사이 커피를 시작하게 되었는데, 아직도 기억이 나는 게 있어요. 초콜릿 소스 꽃이 그려진 라떼아트 한 잔이 내가 정말 하고 싶은 거구나. 하는 생각이었어요. 대학교 복학 준비로 고민하고 있던 스물네살이라는 어린 나이에 꿈도 없던 남자아이가 라떼아트를 만나서 인생을 커피에 쏟아붓게 될 줄 누구도 몰랐죠, 저조차도요.

저는 어릴 때부터 혼자서 지내야 하는 시간이 많았어요. 그래서 곤충 잡으러 다니고, 낙서하고, 그림 그리고, 요리하고, 춤추고, 기타치고, 연구하고… 뭔가 공부가 아닌 것들에 늘 시간을 보냈었어요. 학교 다닐 때는 그림 그리기를 참 좋아했어요. 그래서 엄마가 예술고등학교에 갔으면 좋겠다고 했죠. 저는 "NO"라고 했어요. 그리고 요리를 좋아했어요. 그래서 저는 엄마에게 대학교 요리과를 나와서 요리사가 되고 싶다고 했죠. 엄마가 "NO"라고 했어요. 그러고 나서 자동차 공학과를 성적에 맞추어서 입학했고, 군대 제대 후 복학으로 고민할 때 라떼아트를 만나게 되었죠. 그렇게 라떼아트를 보는 순간 커피라는 요리 위에 그림을 그리는 라떼아트라는 것이 한순간 저를 끌어당겼죠.

Q 라떼아트도 일종의 일러스트레이션이고, 라떼아트 바리스타도 넓은 의미에서는 일러스트레이터라고 할 수 있을 것 같습니다. 최근 감성적이고 참신한 젊은 작가들의 작품들이 많이 있습니다. 혹시 좋아하는 작가나 작품이 있나요?

A 이탈리아 밀라노에서 활동하는 젊은 예술가 골사골치니(Golsa Golchni)를 정말 좋아합니다. 종이박스, 공책, 반창고, 접시, 손바닥 등 어디든 일상의 평범함 속에 아름다운 작은 세상을 그려내는 작가입니다. 어렵지 않게 예술을 누구나 느낄 수 있도록 그려내죠. 주로 그림자를 표현해서 하늘을 날거나 물 위에 떠 있는 느낌을 원근법으로 표현을 하는 것이 정말 예술이에요. 그리고 물감을 두껍게 표현해서 마치 실제인 것처럼 표현해내는 것이 정말 멋집니다. 작품 중에서는 종이박스 위에 그린 'Freedom is near'이라는 작품을 좋아해요. 앵무새가 날아가는 그림인데, 누런색의 작은 종이박스 위에 예쁘고 작은 앵무새가 날아가요. 근데 그림자를 그린 것 하나가 정말 살아있는 세상을 보게끔 만들어줘요. 마치 제가 하늘에서 직접 이 새를 보고 있는 착각을 줘요.

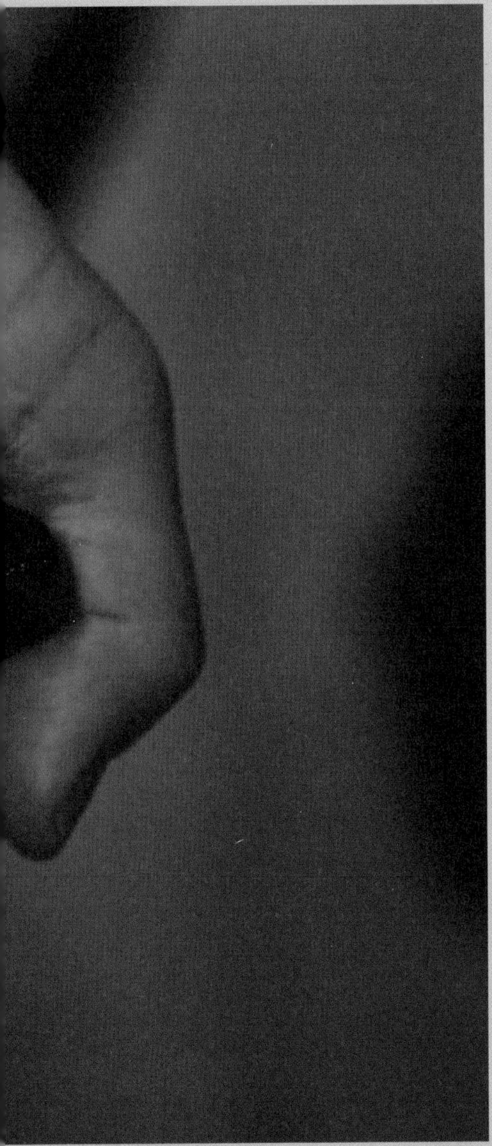

Q 새로운 라떼아트 개발을 위해서 주로 무엇을 하시나요?

A 많이 받는 질문입니다. 저의 시그니처 디자인이 약 30가지 정도 됩니다. 기본기부터 화려한 것 귀여운 것 등 다양한데요. 디자인을 만드는 방법은 어느 날 갑자기 떠오르는 아이디어로 시작이 돼요. 디자인하려고 하면 좋은 디자인이 나오지 않더라고요. 그리고 스쳐 지나갔던 디자인들이 좋은 디자인이 되기도 해요. 완성되지 않고 지나쳤던 디자인인데 저에게는 갑자기 좋은 디자인이 될 것 같은 느낌이 오는 순간이 있어요. 그때 그림을 그려보면 좋은 작품이 되는 경우도 많았어요. 그래도 라떼아트 개발을 위해서 가장 많은 시간을 투자하는 것은 연습과 공부예요. 머릿속에 생각이 드는 것을 표현하려면 팔 근육이 생각하는 대로 움직여줘야 하니까요. 결국 새로운 라떼아트는 기술이 부족한 예전에는 잘 만들어지지 않았지만, 기술이 많이 좋아진 지금은 더 좋은 라떼아트 디자인하기가 훨씬 쉬어졌어요. 그리고 스마트폰으로 캡처를 많이 해요. 라떼아트 폴더를 따로 만들어놓고 좋은 아이디어나 표현하고 싶은 사진들, 동물들, 캐릭터 등을 볼 때면 바로 캡처해서 저장하고 수시로 들여다봅니다.

Q 2018년에 『라떼아트, 행복을 그리는 시간』이라는 책을 출간하셨던데요. 책에서 낙서로 하던 그림이 직업이 되었다고 하던데 라떼아트를 하기 전에도 그림 그리는 것을 좋아하셨나요?

A 앞에서 이야기했듯이 낙서하고 그림 그리는 것을 정말 좋아했어요. 글자에 약해서 공부할 때도 그림화 시켜서 외우는 걸 좋아했어요. 초등학교 때부터 교과서는 낙서로 가득 차 있었어요. 그리고 어릴 때부터 무언가 가르치는 걸 좋아했는데, 고등학교 때 비보잉을 할 때, 안무를 외우고 공부하려면 비디오를 반복해서 돌려보며 연구해야 하는데요, 저는 공책

에 그림으로 그려서 친구들에게 나누어줬어요. 그리고 대학교 때 기타를 가르쳐 줄 때도 코드를 외우기 어려워하는 친구들에게 코드를 잡고 있는 제 손을 직접 그리고 숫자를 붙여서 나누어주곤 했죠. 늘 그림으로 표현하는 것을 좋아했어요.

그림을 그리는 순간은 정말 자유롭고 스트레스받지 않고, 상상한 것을 표현할 수 있어서 참 좋아요. 지금도 여전히 그림 그리고 낙서하는 것을 참 좋아해요.

라떼아트 세계대회 7회 우승 - 세계 최초 그랜드슬램 달성

2016 WLAC World Latte Art Championship 우승

2017 Coffee Fest In Tokyo World Latte Art Championship 우승

2017 MILANO LATTE ART CHALLENGE World Latte Art Championship 우승

2018 WLAB World Latte Art Battle in Korea 우승

2019 Coffee Fest In LA USA World Latte Art Chanmpionship 우승

2019 MILANO LATTE ART CHALLENGE World Latte Art Championship 우승

2022 WSBC World Super Barista Championship 우승

Q　국가대표가 되어 국내 최초로 라떼아트 세계챔피언에 올랐다고 들었습니다. 최초로 세계챔피언이 되었을 때의 이야기가 궁금합니다. 그리고 라떼아트 세계대회에는 어떤 것들이 있는지 궁금합니다.

A　한국에 처음으로 세계 챔피언 트로피를 한국으로 들고 왔죠. 6년 동안 2등이라는 별명이 있었어요. 1등 선수만 출전하는 국가대표 선발전에서 6년 만에 1등이 되어 세계대회에 갔죠. 2011년 3등, 2012년 2등, 2013년 2등, 2014년 3등, 2015년 2등, 2016년 1등, 드디어 주어진 세계대회 무대에서 우승했습니다. 늘 집에서 컴퓨터 화면으로 지켜보던 장

면이 제 눈앞에 펼쳐졌죠. 그 세계대회 화면에 제가 등장하는 것을 현장의 모니터로 한참을 봤어요. 너무 기분이 좋고 신기해서요. 그리고 시작된 예선전 무대에서 그림은 완벽히 그렸는데, 작은 실수를 많이 했어요. 그래서 아! 어떻게 온 세계무대인데 집에 가야 하는구나 하고 절망했었죠. 결과발표전까지 실수들이 머리에서 떠나지를 않더라고요. 결과는 다행히 예선 2위로 통과했고, 결승전에서는 실수 없이 마무리해서 우승을 할 수 있었어요.
하지만 저는 이 우승보다 더 오랫동안 준비했던 것이 있었는데, 바로 'I Believe I can fly' 노래였어요. 저의 무대를 소개하고 라떼아트 디자인을 심사위원들에게 소개하는 과정에서 저는 오랫동안 꿈꿨던 '세계대회에서 노래하기'라는 저 자신의 미션을 정말 해내고 싶었어요. 모두가 점수에 마이너스가 될까 봐 이런 시도를 하기 어려워하죠. 하지만 저는 세계대회보다 오랜 꿈이었던 노래를 했어요. "The Title of my latte art is I believe I can fly, you can look forward to it. thank you."

피겨의 불모지인 한국에도 김연아 같은 역사적인 선수가 있듯이, 커피가 나지 않고 역사가 짧은 한국에도 이렇게 커피를 행복하게 만드는 바리스타가 있다는 것을 보여주고 싶었어요. 그래서 점수를 잃을까 하는 걱정보다는 제 꿈에 더 힘을 주고 후회 없는 무대를 할 수 있었죠. 그리고 우승은 선물로 주어진 것 같아요. 그래서 그런지 우승하고 나서 오히려 덤덤했어요. 기분이 참 좋다는 생각은 했어요. 이유는 마음속에 남은 응어리가 사라진 듯한 느낌이랄까요. 신기하고 좋은 기분이었어요. 챔피언이 된 기분보다는 오랫동안 믿어주고 응원해준 주변 사람들의 연락과 저보다 더 행복해하는 분들의 목소리를 들으면서 오히려 더 실감 나고 기분이 좋고 행복했어요. 한국에서도 외국에서도 모두가 저를 만나면 "I believe I can fly"하고 인사를 해줬어요. 이것이 우승보다 더 기분 좋은 순간이라 생각해요.

라떼아트 세계대회는 음악으로 비유해보자면 클래식 콩쿠르 같은 클래식한 라떼아트 디자인 대회가 있고, 록 페스티벌이나 K-Pop 음악처럼 화려하고 자유로운 창작 디자인 대회가 있고, 이 두 가지가 결합한 형태의 다양한 대회들이 있어요. 대회 방식은 점수 채점을 모아 발표하는 방식과 토너먼트 대결방식으로 3일~4일 동안 치러지는 방식으로 대부분 진행이 됩니다. 바리스타들은 이 대회들의 다양한 방식에 맞춰 개인이 가진 재능과 노력으로 감동을 줄 수 있고, 트랜드를 이끌어 갈 수 있으며, 또한 자기만의 시그니처 디자인을 고안해서 심사위원뿐만 아니라 대중들에게도 감동을 주고 마음을 사로잡을 수 있는 디자인을 만듭니다.

Q 커피 용품도 직접 개발하신다고요. 어떤 제품인지 소개좀 부탁합니다.

A 현재 로앤엄에서 판매하는 제품은 에스프레소 커피를 만들 때 사용하는 탬퍼라는 제품입니다. 곱게 갈려진 커피 가루를 눌러주는 제품인데요. 전 세계에서 최초로 에스프레소로 추출한 커피의 쓴맛이나 탄내 등의 자극적인 향미를 없애주는 채널링 마스터라는 이름을 가진 제품이에요. 커피에 흡수되는 물의 흐르는 방향을 바꿔주는 원리를 적용했습니다. 7년 동안 전 세계를 다니며 개발을 한 만큼 많은 분들이 좋아해 주세요. 사람들이 많이 물어보죠. "라떼아트 챔피언이 왜 에스프레소로 커피를 추출하는 탬퍼를 개발하셨어요?"라고요. 요즘은 분야가 나누어져 있지만 커피를 처음 하던 때에는 분야가 없었어요. 그래서 저는 핸드드립 전문점 겸 로스터리 샵인 커피마루라는 커피숍을 할 때 에스프레소도 맛있고, 라떼아트도 예쁜 커피숍을 만들고 싶었죠. 그때는 핸드드립 커피에 미쳐 커피 추출과 로스팅에 푹 빠져 있었죠. 그래서 사람들에게 이렇게 이야기해요. "추성훈 씨와 비슷한 거 같아요. TV에서는 사랑이 아빠로 알려졌지만, 추성훈 씨가 정말 사랑하는 한 여자는 아내인 야노시호잖아요."
"라떼아트는 사랑하는 딸이고, 추출은 정말 사랑하는 아내 같은 존재예요"

Q 라떼아트 챔피언 커플로 유명하시던데요. 소개좀 부탁합니다.

A 저희는 라떼아트 세계 챔피언 겸 국가대표 커플입니다. 여자친구인 이영화 바리스타는 라떼아트 국가대표 선발전에서 여성 최초로 국가대표가 되었어요. 그리고 2022년 6월 말 이탈리아에서 열리는 세계대회에 출전합니다. 현재는 (주)로앤엄의 대표로 있고, 2019년 일본 라떼아트 세계대회에서 우승했습니다.

Q 엄폴 커피연구소는 어떤 곳인가요?

A 엄폴 커피연구소는 현재는 만들어지지 않았지만, 앞으로 마지막 종착지 같은 곳입니다. 커피를 하던 초창기에 커피마루라는 커피숍을 운영할 때 세상에 쓰지 않고 맛있는 커피를 알려야겠다고 생각했었어요. 그게 엄폴 커피연구소의 시작이고, 지금은 커피학교라는 형태로 발전했어요. 세계 챔피언이 되는 것이 저에게는 막막한 일이었지만, 지금 현실이 되어 있듯, 엄폴 커피연구소인 커피학교도 어느 날 현실이 되어 있을 거라 믿어요. 제가 가장 좋아하는 영화인 '세 얼간이(3 Idiots)'라는 인도 영화의 마지막 장면에 주인공의 학교가 나와요. 그곳에 친구들이 주인공을 찾아가죠. 그 영화를 보면서 많은 힘이 되고 공감이 되고 위로가 되었었죠. 단순히 지식적인 공부가 우선인 곳이 아닌 모두가 행복하게 커피를 배우고, 공부하며, 토론하고, 철학적인 이야기를 나누고, 넘버원이 아닌 온리원이 되는 것을 배우고, 서로를 배려하며, 협력하여 선을 이루며 살아가는 것을 배울 수 있는 그런 곳이 될 거예요.

Q 취미미술이나 또는 라떼아트를 배우고자 하는 사람들이 많이 있습니다. 뭔가 새로운 꿈을 위해 새로운 것을 배우고자 하는 사람들에게 들려주고 싶은 말씀은?

A 시행착오를 많이 하라고 말하고 싶어요. 시행착오가 세상에서 가장 좋은 선생님이에요. 아기들은 알파벳도 모르지만 수없이 많은 시행착오를 통해 엄청난 속도로 배우죠. 지루하지 않게 아주 재미있게 배운다는 것이 특징이죠. 공부는 지식을 빨리 습득하기에는 좋지만, 나만의 생각과 시행착오를 하지 못하게 하는 걸림돌이 될 수 있어요. 홍수가 나면 정작 마실 물이 없듯이, 정보의 홍수 속에서도 정작 습득할 정보가 없을 수 있답니다. 마음이 이끈다면 한 번 시도해 보세요. Just Do It. 새로운 무언가를 시작하는 방법은 일단 시작해 보는 겁니다. 즉, 시행하면 분명히 착오가

생겨요. 하지만 그 착오는 나만의 아이디어를 만들어 줍니다. 아이디어는 새로운 시행을 하게 하고, 다시 착오가 생기죠. 그리고 다시 아이디어. 이렇게 '아이디어 = 시행 + 착오' 즉, 아이디어는 시행과 착오의 합의 결과물이에요. 이 시행착오는 여러분이 꿈꾸는 새로운 것을 해낼 수 있게 해주는 중요한 에너지가 돼요. 최고의 선생님은 시행착오!

Q 마지막으로 하고 싶은 말이나 앞으로의 계획 등이 있으시면 말씀해 주세요.

A 여러분이 이루고 싶은 꿈이 있으면 꼭 이루면서 살아보세요. 그렇게 해도 돼요. 중학교 때 꿈꾸던 노래 작사 작곡하기를 22년 만에 이루었어요. 로마로 가는 기차 안에서 첫 곡이 나왔고, 그 후 한참 동안 영감이 떠오르지 않다가 지금은 8곡이나 된답니다. 라떼아트 세계대회는 6년 만에 갈 수 있었고, 큐브 안 보고 맞추기는 6개월, 발라드 잘 부르기 10년, 영어로 스피치 하기는 20년이 걸렸죠. 이렇게 오랫동안 조금씩, 그리고 천천히 하다 보면 분명 어느 순간 여러분이 꾸던 크고 작은 꿈들이 하나씩 눈앞에 현실이 되어 있을 거예요. 분명 삶은 바쁘고 힘들지만, 여러분의 마음 속에 가지고 있는 여러분만의 크고 작은 꿈들은 버리지 마세요. 서랍 속에 두었다면 주머니 속에 넣고 자주 보세요. 그 꿈들은 너무 소중한 것들이잖아요. 내꺼니까요. 내 꿈.

"인생은 여행이다. 진짜 여행은 길을 잃는 순간부터 시작된다."

앞으로는 두 번째 마스터 시리즈인 핸들링 마스터를 판매할 계획이에요. 커피와 우유, 커피 머신이 없어도 라떼아트를 언제 어디서든 연습할 수 있는 도구예요. 세계 최초로 만들어진 도구이며, 전 세계에 보급하는 것이 계획입니다. 그리고 방송에 진출해서 대중적으로 맛있는 커피와 아트를 알리고 라떼아트와 커피를 이용해 전시회를 여는 작가로 활동하는 것도 계획이며 꿈입니다.

@u_m_p_a_u_l_

Black

블랙커피 좋아하세요?
저는 아무것도 넣지 않는 블랙커피를 너무 좋아해요.
블랙은 정말 마실수록 중독되는 것 같아요.
일어나서 곧장 한잔,
점심 먹고 당연히 한잔,
나른한 오후니까 한잔,
스트레스가 쌓였을 때도 한잔...
이렇게 마시다 보면 갑자기 이런 생각이 들어요.
'나, 이렇게 많이 마셔도 되나? 몇 잔까지는 괜찮은 걸까?'

블랙커피의 효능

사람마다 몸 상태나 컨디션에 따라 조금씩 다르겠지만 하루 2잔 정도의 블랙커피는 우리 몸의 건강에 도움을 준다.

① 다이어트와 운동 효과 상승
: 커피에 포함되어있는 카페인은 체내의 지방 연소를 돕는다.
기초대사율을 높여 칼로리 소비를 도와주게 된다.
그래서 블랙커피를 다이어트의 목적으로 드시는 분이 많다.
또, 운동 전에 블랙커피를 마시면 운동능력 향상에 도움이 된다.

② 숙취 해소
: 카페인이 이뇨 작용을 원활하게 만들어 준다.
그래서 몸속에 있는 수분을 몸 밖으로 배출하도록 도와주는데,
그로 인하여 알코올의 독소가 빠르게 배출되어 숙취 해소를 돕는다.

③ 당뇨병 예방
: 추출된 커피에 포함된 클로로겐산이 인슐린의 저항을 낮추어
당뇨에 긍정적인 영향을 준다.

④ 성인병 예방
: 성인병의 원인인 백색지방은 갈색지방이 활성화되면 없어지게 되는데
갈색지방 활성화에는 에스프레소의 섭취가 좋다.

글 박유선 · 그림 김성아

고종과 손탁의 가배 이야기

글 오동규 · 그림 올리비아

개화기 당시 커피가 국내에 들어왔을 때 사람들은 커피를 음차하여 가비 또는 가배라 고 불렀다. 그리고 고종의 대한제국 선포 이후에는 양탕국이라고 부르기도 했다.

한국 커피의 시작을 이야기할 때 빠지지 않는 두 사람이 있다. 바로 고종황제와 손탁 여사이다. 조선의 사실상 마지막 임금인 고종은 커피를 무척 좋아했다 한다. 그리고 그의 곁에는 손탁이라는 여인이 있었다. 고종과 손탁은 어떻게 인연을 맺게 되었을까? 그들과 관련된 커피 이야기는 어떤 것들이 있을까?

1863년 고종은 조선의 26대 왕의 자리에 올랐다. 처음에는 아버지 흥선대원군과 왕비인 민비 사이의 세력다툼 속에서 방황했고, 개항 이후에는 일본과 세계열강들의 내정 간섭과 약탈을 겪으며 힘없는 국가의 설움을 느끼며 지내는 무능한 국왕이었다. 특히 1895년 경복궁을 쳐들어와 자신의 부인을 시해하고 불태워 죽이는 일본의 만행 앞에서 고종은 절망한 국왕이었다.

1880년대는 각국의 열강들이 정동 일대에 자국의 공사관을 설치하던 시기였다. 1885년 초대 러시아 공사로 부임한 베베르와 함께 한 여인이 조선에 들어왔다. 그녀는 프랑스계 독일인 여성 앙투아넷 손탁(Antoniette Sontag)이다. 베베르 공사와 인척 관계인 손탁은 독어, 불어, 영어, 러시아어 등 4개 언어에 능통했으며, 아름다운 용모와 세련된 태도에 음악과 그림에도 조예가 깊었다.

당시 조선의 정부에서는 외교사절을 접대하는 일이 많아 손탁은 베베르의 추천으로 궁궐에서 외국인을 접대하는 일을 맡게 되었는데 언어능력이 뛰어나 궁에서 일한 지 얼마 지나지 않아 우리말도 능숙하게 구사하였다. 외국인을 위한 왕실 연회를 주관하며 궁궐에 서양식 실내장식을 도입하고, 직접 서양 요리를 해서 고종과 왕비에게도 제공했다. 이때 고종은 손탁의 커피를 즐겨 마시게 되었으며, 손탁은 고종과 왕비에게 서양의 문물과 이야기를 전해주면서 고종 부부와 돈독한 인연을 맺게 되었고, 그들은 손탁을 아주 신뢰하게 되었다.

고종은 1895년 정동에 있는 왕실 소유의 가옥 및 토지를 손탁에게 하사하였다.

그해 10월 일본이 민비를 시해하는 을미사변을 일으키자 일본을 배척하는 배일단체인 '정동구락부' 모임이 이곳 손탁의 사저에서 자주 열렸다. 고종은 1896년 2월에 일본의 위협에서 벗어나고자 러시아 공사관으로 몸을 피하는 아관파천을 단행한다. 이때 손탁이 결정적인 역할을 수행하였고 러시아 공사관에서 지내는 1년 동안 손탁은 고종을 가장 가까이에서 모시면서 고종에게 음식과 커피를 제공했다. 매일 아침 손탁이 내려주는 커피를 마시면서 고종은 어떤 기분이었을까? 필자의 생각으로 고종은 커피를 사약처럼 마시며 각성하고 또 각성하려고 했지 않았을까?

1897년 2월 고종은 러시아 공사관을 떠나 궁궐로 돌아온다. 그런데 경복궁이 아닌 경운궁(지금의 덕수궁)으로 돌아왔다. 왕비가 시해당한 경복궁에서는 더 이상 지내고 싶지 않았을 것이다. 고종은 환궁한 뒤에 국호를 '대한제국'으로 바꾸고, 황제 즉위식을 하여 독립제국임을 국내외에 선포하였다. 청나라의 속국 이미지를 벗어던지고 세계열강들과의 본격적인 외교전을 준비하기 위함이 아니었을까? 이때부터 손탁의 활약이 본격화된다.

고종은 1898년 3월 손탁에게 그간의 감사의 뜻으로 양관(洋館)을 지어 하사했다. 손탁은 이 곳을 서양식으로 꾸며 황실의 연회를 위한 빈관으로 경영하였다. 그러나 곧 외국인들의 방문이 많아지자 고종은 왕실 재정으로 이를 확장하여 1902년 10월 기존의 양관을 헐고 25개의 객실을 갖춘 2층짜리 양관으로 재건축하였다. 이곳이 바로 손탁호텔이다.

손탁호텔은 황실에서 운영한 호텔이었는데, 2층은 귀빈실로 1층은 일반 객실과 서구식 레스토랑이 있었는데 이곳에서 식사와 별도로 차와 커피를 판매했었다. 항상 호텔 앞에 가마꾼들이 대기하고 있었고, 러시아의 품질 좋은 커피를 국내로 들여오는 통로 역할도 하였다. 얼마 전까지 손탁호텔은 우리나라 최초의 커피하우스라고 알려졌었다. 하지만 1888년 개항지 인천에 지어진 우리나라 최초의 호텔인 대불호텔에서도 서양 식사가 제공되었다는 것이 알려졌다. 그때나 지금이나 서양 식사 뒤에는 커피가 나온다는 점은 변하지 않아 손탁호텔이 최초의 커피하우스라는 것은 퇴색되었다. 하지만 손탁호텔이 우리나라 근대 역사에서 차지하는 비중은 아주 크다. 손탁은 이곳에서 고종의 신임 아래 세계 각국의 외교관들과 활발한 외교활동을 펼쳤고, 항일운동을 벌였던 '정동구락부' 모임의 본거지 역할도 했다. 고종이 커피를 통해서 펼치려 했던 큰 그림이 손탁을 통해서 이곳 손탁호텔에서 많은 것이 이루어졌다. 하지만 강물의 큰 물줄기는 바꿀 수 없었기에 안타까울 뿐이다.

그리고 이곳 손탁호텔에는 세계 각국의 유명 인사들이 많이 투숙했는데 이름만 들어도 알만한 사람들이 많이 있다. 미국 26대 대통령 루즈벨트의 딸 앨리스 루즈벨트 일행이 내한했을 때 이곳에서 투숙했고 영국의 총리였던 윈스턴 처칠과 미국의 작가 마크 트웨인이 종군기자로 한국에 왔을 때 이곳에서 투숙했다.

하지만 1905년 을사조약이 체결될 당시 이토 히로부미는 손탁호텔에 장기간 머물면서 대한제국의 고관들을 불러들여 압박과 회유를 하는 장소로 활용했다. 대표적인 배일단체인 '정동구락부'의 발족을 주도한 이완용이 친일파로 돌아서면서 이곳은 점점 친일파 소굴로 변질되어 갔고, 손탁은 생명의 위협까지 받았다. 손탁은 한일합방 이전인 1909년 프랑스인 보에르에게 호텔을 매각하고 대한제국을 떠나 프랑스로 돌아갔다. 그리고 손탁은 1922년 프랑스 칸에 있는 자택에서 세상을 떠났다. 현재 프랑스 칸의 시립천주교 묘지에 '조선 황실의 서양 전례관 마리 앙트와네트 손탁'이라는 이름으로 묻혀 있다.

나약하고 무능했던 고종이 대한제국을 선포하고 세계열강들과 치열한 외교전을 펼치면서 마지막까지 기울어져 가는 조선을 살려보려고 발버둥 칠 수 있었던 것은 손탁이라는 여성이 있었기 때문에 가능하지 않았을까? 커피 한 잔의 여유를 느끼면서 32살의 나이에 한국에 와서 24년 동안 대한제국 외교의 선봉에서 비밀리에 역할을 수행한 손탁의 노고에 사뭇 감사함을 느끼게 된다.

[참조]
김시현, 유여태 [개화기 한국 커피역사 이야기], 피아리스, 2021
박종만, [한국 커피의 역사] 왈츠와 닥터만 커피박물관 www.wndcof.org, 2014
김은신, [한국 최초 101장면], 가람기획, 1998

나이프로 그리다

유화처럼 밀도감을 표현하기 좋은 아크릴물감으로 붓이 아닌 나이프를 사용해서 커피잔을 그려본다. 자연스러운 텍스처를 표현하는 방식이므로 미리 머릿속에 색을 미리 구상하고 원하는 색의 물감을 나이프 아래쪽에 묻혀 잼 바르듯이 캔버스 위에 물감을 미끄러지듯 바른다. 배경에 밝은색을 칠하며 어두운색으로 채워간다. 커피잔에도 원하는 컬러를 바르며 칠하되 입체감이 느껴지기에 밝은 부분과 어두운 부분을 나누어가며 칠한다. 마지막 화이트칼라를 나이프의 끝 쪽에 묻혀 나이프를 세워 빛을 받는 밝은 부분을 디테일하게 표현한다.

Backdrop painting

DRAW impasto

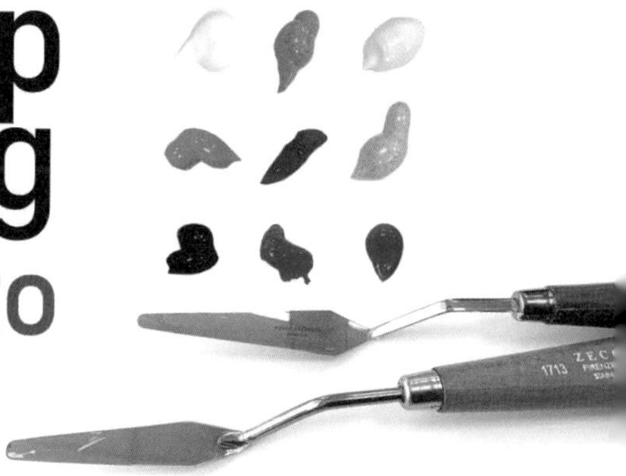

Dessert

with COFFEE

하루 커피 중 한 번의 디저트

Busan Dessert

부산 디저트

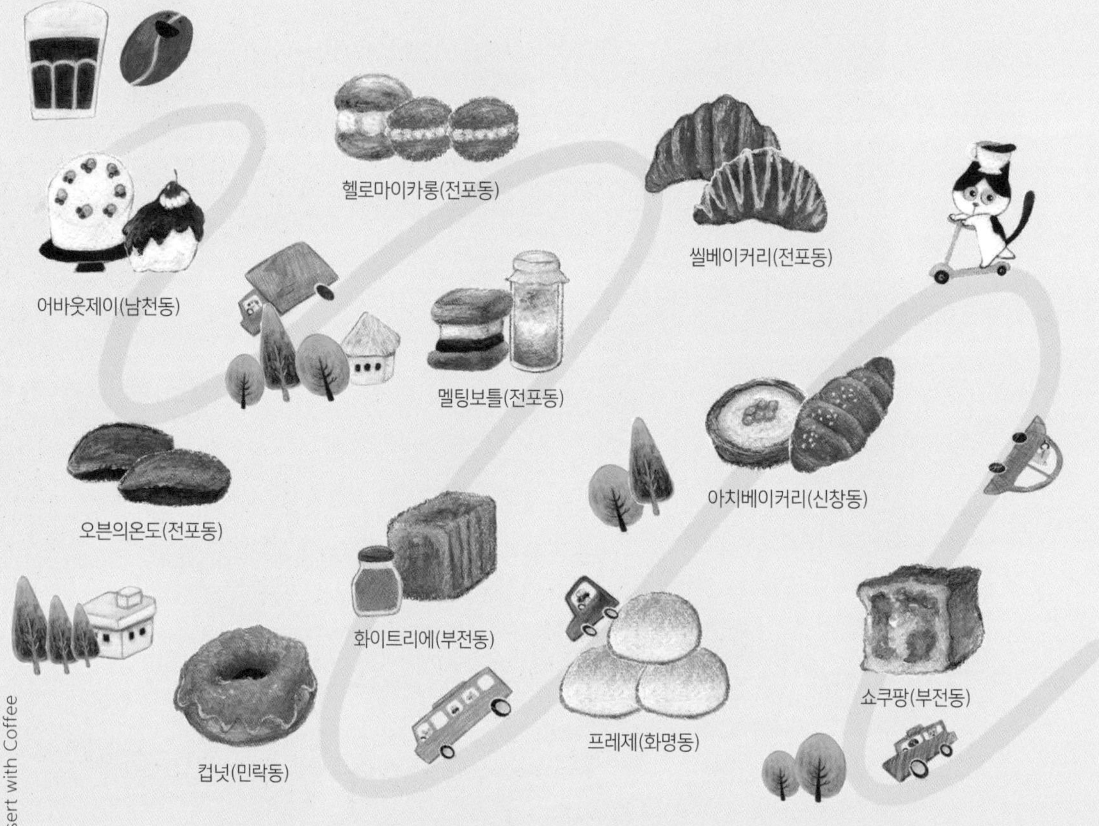

*상점명(동네명)

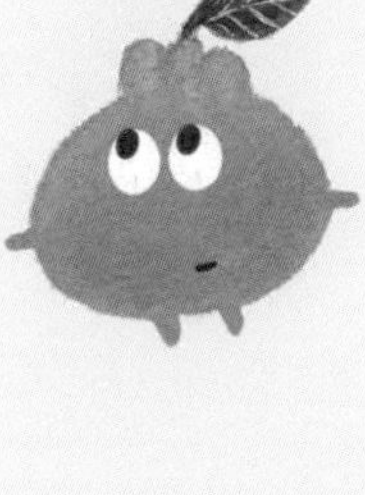

Jeju Dessert
제주 디저트

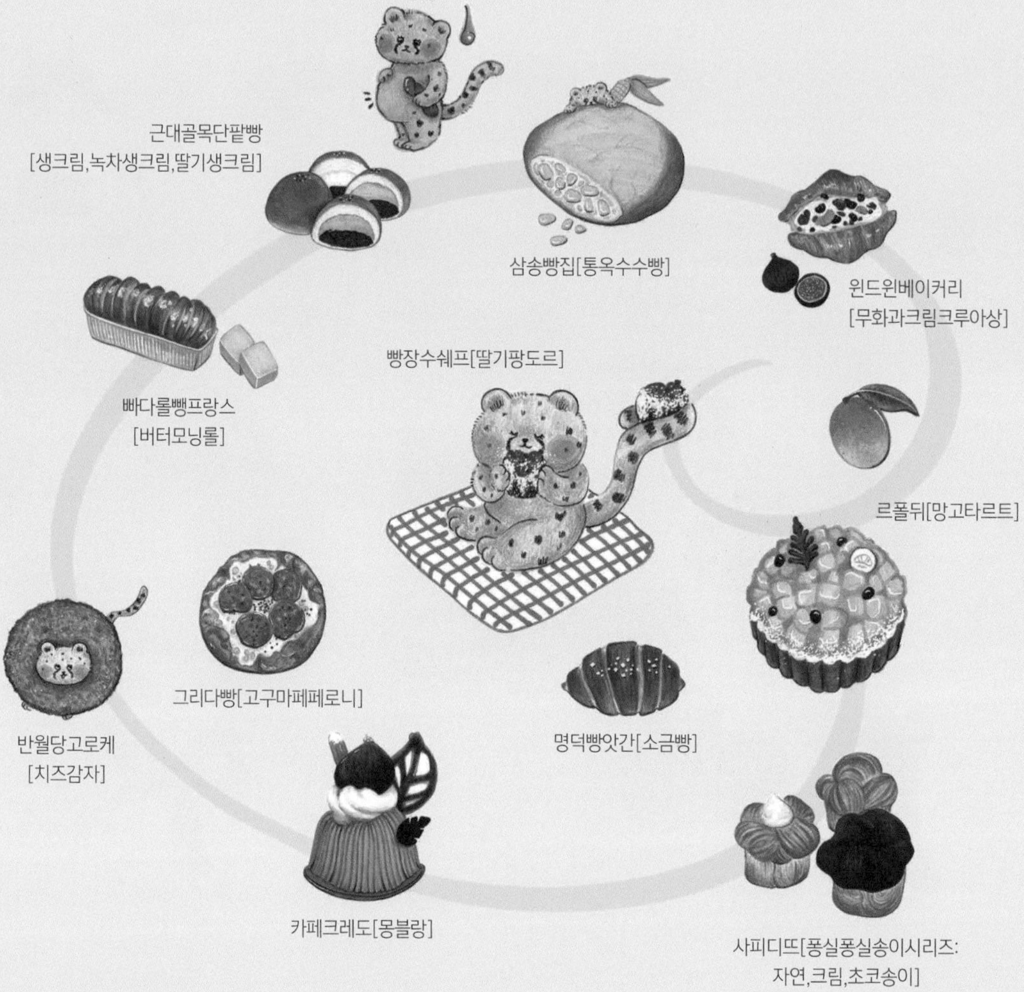

Daegu Dessert
대구 디저트

*상점명[디저트명]

하루 커피 중 한 번의 디저트

우리는 매일 여러 잔의 커피를 마신다. 하루 일상에 한 번 정도는 커피와 디저트를 같이한다. 때로는 식사를 생략하고, 디저트를 먹기 위해 커피를 마시기도 하고, 커피 한 잔을 달콤하게 마시기 위해 디저트를 선택하기도 한다.

여행에도 커피는 늘 있다. 그리고 그 시간에 디저트도 여행의 또 하나의 즐거움이 된다. 커피와 디저트가 있는 곳이 여행의 목적지일 때도 있다.

Seoul Dessert
서울 디저트

그림으로 만나는

독립책방여행

출간 : 2022년 4월 12일 / 값 : 16,000원
구성 : 양장제본, 150 x 210, 160쪽
그림 : 오정순, 치웅타웅, 하성희,
박다해, 그림봄, 권남이,
이명숙, 서희전, 구민지

화심헌에서 GRIGO
화심헌에서 만든 책

이 책은 전국의 독립책방 66곳을 그림으로 그린 책이다. 9명의 일러스트레이터가 이번 프로젝트에 참여했다. 색연필, 아크릴, 펜, 수채화 물감으로 채색된 우리 동네의 작은 책방에는 특별한 취향을 가진 사람들과 특별한 볼거리가 넘쳐난다. 일상과 일상의 연속선에서 무언가 특별함을 찾는다면 우리 동네 독립책방을 찾아보자. 그곳에서 자신만의 특별함을 발견할 수 있을지도…

그림으로 만나는

세계의 디저트

출간 : 2022년 5월 10일 / 값 : 18,000원
구성 : 양장제본, 150 x 200, 220쪽
그림 : 오정순, 김영희, 김성아, 차지은, 숙헌, 찌냥이,
정현주, 전다운, 라라류, 강운희, 강나연

매일 매일 똑같은 일상을 보내는 우리에겐 우울한 날, 울적한 날,
서럽고 속상한 날이 있다. 그리고 또 기쁜 날, 즐거운 날, 행복한 날도 있다.
이럴 때 우리는 분위기 좋은 카페를 찾아 디저트를 먹는다.
뭔가 짙은 초콜릿 향의 케이크나 달콤한 쿠키 그리고 생크림 가득한
푸딩을 먹으며 우울한 기분을 달래며 서로를 위로하고,
기쁜 일을 서로 축하하며 행복해한다.
이 책에는 95가지 맛있는 디저트와 95가지 행복한 그림이 있다.

Holo home

집에서 즐기는 나만의 커피만들기

봄 / 말차 아인슈페너
여름 / 아이스민트 아메리카노
가을 / 콘파냐
겨울 / 카푸치노

글 · 그림 박유선

SPRING

밝고 활기찬 기록이 오늘이면 좋겠는데 오늘은 틀렸다. 봄을 하나도 안 닮았다.
봄이라면 활기차고 희망차고 행운이 가득해야 하는 것 아닌가?
지하철 2호선만 타면 이렇다. 이런 기분이 찾아온다.
나는 시시하고 찌찌하게 지하철 탓을 하며 집으로 향한다.
지하철 핑계를 계속 대고 있지만 사실 내가 보는 내가 별로여서 그랬다.
해보려 하는데 잘 안되고, 시작해 봤는데 멈추게 되고, 잘하고 있다고 생각해오던 것까지도
나만의 능력이 아님을 확인하게 되니 화가 났다.
봄이 되면 뭔가 달라질 것을 기대했는데 아니다. 그대로다.
복잡한 생각에서 도망가려면 머릿속을 비워야지. 커피 한잔 마시며 머릿속을 지워야지.
만들기는 간단하지만 특별한 맛이 나는 말차 아인슈페너.
봄이랑 똑 닮은 말차 아인슈페너야, 내게도 진짜 봄을 전해 주렴. 지난해, 지지난해처럼
봄다운 봄의 기운을 전해 주렴.

말차 아인슈페너 만들기

요즘은 말차 시럽 파는 곳을 쉽게 볼 수 있다.
말차 시럽을 집에 준비해 둔다면 언제든지 시원하고,
고소하고, 쌉싸름한 말차 음료를 마실 수 있다.

1. 핸드드립을 준비한다.
   - 핸드드립은 갓 볶은 원두를 이용하면 향이 잘 피어나고, 물이 닿았을 때 잘 부풀어서 시각적인 효과도 준다.
   - 150mL 로 내린 한잔이 적절하고, 180mL로 내린 한잔은 묽게 마실 때 좋다.
2. 핸드드립으로 내린 커피를 냉장고에 잠시 보관하여 시원하게 준비한다.
3. 커피가 시원해지는 동안 말차 시럽에 생크림 2스푼을 섞어서 말차 크림을 만든다.
4. 준비한 컵에 얼음을 넣는다.
5. 얼음 컵에 냉장고에서 꺼낸 커피를 붓는다.
6. 미리 만들어둔 말차 크림을 올린다. 크림을 소복이 올린다.

SUMMER

일기예보를 듣기 전에 상상해본다.
'내일은 맑은 하늘이 예상되니 우산을 두고 가셔도 좋습니다.'
듣고 싶은 일기예보는 내일은 맑음 이였는데 내일도 우산을 챙겨야 한단다.
맑음 예보는 언제 들을 수 있는 거야? 며칠째 비가 계속 내린다.
어릴 때는 비 오는 날이 좋았다. 바람도 시원하고, 내리는 비를 보는 눈도 시원하고,
마음도 시원해져서… 그런데 지금은 별로다. 비가 오면 마음이 자꾸 젖는다.
몸도 마음도 자꾸 가라앉는다. 비는 그대로인데 내 마음이 변했나 보다.
한참을 투덜거리다 빗소리를 들으며 스르륵 잠이 든다.
'얼마나 자다 일어난 거야?' 거칠어진 빗소리에 잠이 깬다.
커피 한잔 들고 마당으로 나가봐야겠다.
시원하고 시원하게 느꼈던 비를 다시 만나고 싶다.
시원한 장맛비와 닮은 아이스민트 아메리카노를 한잔 만든다.
집에서만 맛볼 수 있는 특별한 커피. 장맛비야, 한잔하자.
며칠이면 작별하고 내년에나 다시 만날 수 있을 텐데
작별 전에 예전처럼 조곤조곤 얘기 나눠보자.

아이스민트 아메리카노 만들기

여름을 맞이하기 전에 라임청을 준비해두면
기분에 따라 다양하게 이용할 수 있다.
모히토나 아메리카노에 한 스푼 떠서 넣으면
비타민 충전뿐 아니라 기분 회복에도 탁월하다.

1. 물 150mL에 민트 잎을 넣어서 민트향을 우려낸다.
   (시중에 나와 있는 민트 티백을 이용해도 좋다)
2. 에스프레소 샷을 나만의 취향대로 준비한다.
   취향대로 샷+샷
3. 라임청 1.5스푼을 민트 물과 섞어 준다.
4. 얼음을 가득 넣어준다.
5. 에스프레소를 붓는다.
6. 민트 잎을 몇 장 올려 준다.

단맛을 조금 더 느끼고 싶으시면 라임청을
조금 더 넣어주면 좋다.

FALL

누가 내 시간을 가져간 것 같다. 가을바람이 건네준 설렘이 선물인 줄 알았는데,
시간이 값으로 지불되었나 보다. 빠르게 흐르는 시간이 참 아쉽다.
아쉬움을 달래보려 어둑해진 지금이지만 커피 한잔을 준비한다.
찬장에서 밝은 보름달을 닮은 커피잔 하나를 꺼낸다.
에스프레소 한잔에 휘핑크림 한 스푼. 에스프레소 콘파냐가 완성되었다.
요즘 새로운 취미가 생겼다. 맛있는 콘파냐를 찾아다니는 것, 제법 큰 즐거움이 되었다.
우연히 마셔본 콘파냐의 첫맛이 어떠했는지 글로 설명이 될까?
눈은 번쩍, 신경을 뽕뽕, 손끝은 간질간질... 뒤통수 맛이라면 표현이 충분한가?
콘파냐는 그게 다가 아니다. 가게마다 다른 맛이 난다.
심지어 같은 프렌차이즈도 매장마다 다른 맛이 난다.
에스프레소에 휘핑크림 한 스푼 올렸을 뿐인데 이럴 수 있는 것인가?
보물찾기하듯 찾아다니는 그 재미를 집으로도 가져왔다.
"콘파냐 나왔습니다." 내가 내게 주는 위로와 충전.
콘파냐는 오늘도 나를 간질거린다. 아~ 진짜 맛있다.

콘파냐 만들기

에스프레소 위에 휘핑크림을 얹은 커피이다.
첫 모금은 크림만 먼저 맛보고, 두 번째 모금은
크림과 에스프레소를 함께 마시는 것이
콘파냐를 마시는 소소한 비법이다.

1. 생크림 100mL에 연유 2스푼을 넣는다.
   (연유가 없다면 설탕이나 바닐라 시럽도 OK)
2. 거품기로 생크림에 거품을 만든다.
   (약간 흘러내리는 정도의 휘핑크림이 좋다)
3. 에스프레소 샷을 나만의 취향대로 준비한다.
   취향대로 샷+샷
4. 에스프레소 위에 휘핑크림은 넉넉히 올려준다.
5. 그 위에 초콜릿 가루를 보슬보슬 뿌려준다.

WINTER

겨울 냉동실엔 기피 인절미가 필수다.
약간 녹인 후 기름 두른 프라이팬에 굽기 시작한다.
노릇노릇 구워지는 냄새에 집안 가득 따뜻한 온기가 스며든다.
인절미랑 어울리는 커피를 찾는다. 겨울엔 무조건 카푸치노다.
일 년 내내 마실 수 있지만 겨울 카푸치노는 다르다.
무릎담요를 꺼내 들고 마당으로 향한다.
찬바람에 코끝은 시리지만 카푸치노와
인절미의 조합은 먹어본 사람만 안다.
실실 웃음이 날 만큼 맛있다.
그런데, 카푸치노는 왜 겨울에 더 맛있지?
살짝 올려진 거품이 하얀 눈을 닮아서 그런가?

카푸치노 만들기

커피에 얹은 우유 거품이 이탈리아 프란체스코회
카푸친 수도사 Cappuchin Friars 들이 쓰던 흰 모자를
닮았다고 해서 붙여진 이름이 카푸치노이다.
라떼에 비해 우유 거품이 많다. 우유 거품을 얼마나
곱고 부드럽게 만드느냐가 카푸치노 맛을 결정한다.

1. 에스프레소 샷을 나만의 취향대로 준비한다.
   취향대로 샷
2. 스팀 밀크를 준비한다. 150mL ~ 200mL
   (라떼를 만들 때보다 거품을 많이 만들어야 한다.)
3. 스팀 밀크를 잔에 천천히 붓는다.
4. 70% 정도 잔이 채워지면 안쪽의 거품을 긁어내듯
   꺼내 붓는다.
5. 남은 거품을 잔 위에 봉긋하게 올려놓는다.
6. 계핏가루, 코코아가루, 초콜릿 가루 등
   꼭 맞는 가루를 조금 뿌려준다.

Plus Tip 아이스 카푸치노 만들기
아이스 카푸치노를 만들 때는 우유를 컵의 절반 정도
붓고 밀크 포머 Milk Foamer나 전동 거품기를
이용해서 만든 거품을 윗면에 올려놓으면 된다.

원두상사

글 · 그림 김동미

Graphic Novel

의욕이 불타오르는 출근
안녕하세요?
직장생활 브이로그를 쓰고 있는
신입사원 시니입니다!
저는 디자인파트에서
일하고 있어요
입사한지 얼마 안됐지만
스타원두, 블루원두 같은 브랜드를
디자인하고 싶어요.
그럼 모닝커피를 사서 회사로 가볼까요?
절 따라오세요!
제가 좋아하는 단골 카페에요. 그런데 또 알바생이 바뀌었네요.
08 : 30
관둘까…
아이스 바닐라에
저지방우유로 바꿔주시고
샷추가 해주세요.
그리고 카라멜 시럽 3바퀴
추가해 주시고
얼음은 14개 정도만 부탁합니다.
또 휘핑 듬뿍 올려주시고…
저만의 시그니처 커스텀 커피 완성!
원두상사
헛, 웃고 떠들다가
지각하겠어요!
08 : 40
이얍
촤-앗
핫!
시큰둥
GRIDA
원두의 정석
원두 개론
08 : 55
출근 완료!
그럼 오늘도 업무를
시작해 볼까요?

오전회의
10:30
벌써 시간이!
곧 있을 회의에서 사용할
회의자료 출력도 막내직원인
제 담당이랍니다.
회의가 무사히 끝나길
바라며 회의실로 모두들
이동합니다.
끝나고
점심시간 ♪
회의실이
몇호더라…
누누이 말하지만!
11:00 회의시작
우리의 라이벌은
스타원두와 블루원두!
입니다.
… 라고 하시네요..
제 귀를 의심하고 싶어요
또 시작이다
여기
205호실
아닌가요?
항상 열정적인 부장님
좋은 원두가
세계를 지배한다
커피가 국력!
그리고 세상 까탈스럽게 보이는 부장님
라떼 35°C 로 끓여주시겠어요?
에스프레소 같은 원두가 되고 싶어하지만
삭삭
삭삭
시럽을 잔뜩 부은 라떼를
좋아하시는 단맛마니아입니다.
잘못왔네…
ㅋㅋㅋ
ㅋㅋㅋ
ㅋㅋㅋ
얘들아 듣고있니?

점심시간
오늘 회의는 여기까지! 난 점심약속이 있어서 먼저가네~
네…
간단하게 샌드위치랑 커피로 해결하자구!
넵!
샌드위치 + 커피 조합
모처럼 저희끼리 먹는 점심입니다!
오후 간식용 쿠키집
도넛과 샌드위치 전문점
과장님은 회사 주변 맛집이 빠삭하시죠!
회사
커피 가게
그런데 과장님 왜 아·아만 드세요?
아메리카노는 그냥 커피가 아니야! 앞으로 해결해야 될 작업과의 전투를 위한 의식이라 볼수 있지!
호오… 처음 보는 흥미로운 표정
과장님이 사주시는 거라 아·아를 선택했다는 말은 차마 못했어요.
그나저나 시니 너는 아·아 잘 안마시지 않니?
앗– 아니에요
허둥 지둥

쏟아지는 졸음
14:00
커피가 마시고 싶은 시간이에요.
하지만 벌써
두 잔이나 마셨는데..
이럴땐
장대리님께
찾아가 보기로 합니다.
장 대리님~!
우어어~
톳 톳
시니씨 어서와요
마침 잘 왔어요.
자... 여기
꺄아 -!
디카페인 커피
디카페인 부서에서 일하는
장대리님 덕분에 매번 이렇게
얻어 먹고 있지요.
커피오일로
저번보다 향미를
더 살려 봤어요.
좋은 향기
오~
코쓱
완전 맛있어요~!
이상하네..
맛있다니
그럴리가.. 없는데
이 성분은 역시 빼야하나..?
XX월 XX일 실험 XX일째
- 발열 증상 보이지 않음
발작 증상도 없음
좀 더 오래 가열해 볼 것
저...
장대리님...?
설사를 예상했으나
소화기관이 꽤 튼튼한
피실험체인듯..
메모 메모
아차차!
아무것도 아니에요!
그럼
또 다른
연구 때문에
저는 이만~!
총총
저... 괜찮은 거겠죠?
저 병은 뭘까요?
뭘 넣은거지?
주르륵

업무보고 시간
벌써 아아 과장님께
보고하러 갈 시간이에요.
비
ㅣ
장
이번에는 꼭
통과 해야 할 텐데
기획서 1차
기획서 2차
기획서 수정
최종본
진짜 최종
진짜 진짜 최종
진짜 진짜 진짜 최종
진짜 마지막 수정본
과장님이
바쁘실 때 찾아가면 다 좋아요!
결재가 프리패스될 확률이 높아집니다.
그럼 가볼까요?
까르륵
기웃
과장님!
바쁘신가여
기웃
저 많은 아·아 좀 보세요
열정적인 과장님의
자리입니다.
시니 왔니? 오늘은 끝날 수 있겠지?
빙
글
넵!
흠.. 수정해야 되겠는데?
네에~?!
왜 때문에...
털썩!
진지한 얼굴로
재미없는 농담하는
아아 과장님..
농담이야
고생했어
ㅋㅋㅋ
ㅋㅋㅋ
때릴까...

다이나믹한 퇴근
벌써 탈출 … 아니 퇴근시간이 다가오고 있어요.
17:50
마지막까지 방심할 순 없지요.
흐―음
17:55
오늘 야근각인지 동태를 살펴요
끼―익
17:57
가방을 미리 장착해 줍니다.
도킹 완료 ☆
시니?
주변의 사물과 최대한 하나가 됩니다.
17:58
시니씨 잠시 볼까요?
근데 왜 거기에?
지금 필요한 건 뒤돌아보지 않는 용기!
쨍그랑!
못들은 척 뛰어 내립시다! 저처럼 모두들 빠르고 안전하게 퇴근 하세요!
시니의 브이로그는 여기서 마무리 할게요.
다음에 또 만나요!
전 하나도 아프지 않아요!
쿵

낙서를 시작해봅시다!

잉크 펜의 라인 크기는 두 가지 0.03과 0.8을 사용했어요.

1. 스케치를 낙서처럼 드로잉해보세요.
펜(0.03)으로 바로 드로잉해도 되고,
연필로 그린 후 드로잉해도 됩니다.
(팁. 잘 그리는 그림보다 개성 있게 그려보세요.)

2. 펜(0.03)으로 스케치하듯 계속 여러 번 낙서처럼
외곽선을 드로잉해보세요.
(여러 겹이 겹치는 것을 즐기며 연필로 드로잉하듯~)

3. 그림자가 들어갈 부분의 외곽선을 살짝
펜(0.03)으로 드로잉하세요.

4. 어둡게 들어갈 부분에 낙서하듯
펜(0.03)으로 채우세요.

5. 컵과 접시에 펜((0.8)으로 두세번 드로잉해서 굵은 선의 무늬를
넣어보세요. 그리고 컵과 접시, 잼이 들어있는 병 외곽선에
살짝 펜(0.5)으로 한 번 정도 드로잉해주세요.

Drawing

낙서하듯

일러스트 서준

Traditional
Fairy tale

빨간 열매와 착한 아이 칼디

아프리카 에티오피아의 산골 마을 카파에 칼디라는 소년이 살고 있었어
칼디는 염소를 기르는 목동이야
칼디는 염소들과 함께하는 시간이 세상에서 가장 행복해
염소들은 외로운 소년 칼디에게 유일한 친구였거든

평소와 다름없이 염소들을 지켜보며 한가한 오후를 보내던 칼디는
염소들이 이상한 행동을 하는 것을 발견했어
조용히 풀을 뜯던 염소들이 이쪽저쪽을 마구 뛰어다니며
서로서로 부딪치며 덩실덩실 춤을 추는 거야

"어제 먹은 먹이가 이상했나?"
"염소들이 아픈가?"
"기분이 좋아 보이는데!"
"춤추는 걸지도 몰라!"

염소들의 행동이 궁금했던 칼디는 숨어서 염소들을 관찰하기 시작했어
열심히 풀을 뜯어 먹던 염소들이 갑자기 산 중턱의 작은 숲으로 움직이는 거야
칼디도 염소들을 따라 작은 나무들이 있는 숲으로 따라갔어
물론 염소들이 놀라지 않게 몰래 숨어서

숲속 나무에 도착한 염소들이 조그맣고 동글동글한 빨간 열매를 먹는 게 아니겠어
빨간 열매를 먹자 염소들은 흥분하며 어제처럼 이리저리 뛰어다녔어
한참이 지나 집으로 돌아온 염소들은 여전히 기분이 좋아 보였어
그날 밤 염소들은 잠도 자지 않고 흥분 상태로 밤새 뛰어다녔어.

다음날 칼디는 그 빨간 열매를 가지고 친한 수도사님이 계신 수도원에 갔어
그런데 수도사님이 그 빨간 열매를 보더니
"그건 악마의 열매야!" 하며 벽난로 속에 던져버렸어
칼디는 속상했지만 어쩔 수 없었어.

그날 밤 수도원의 수도사들은 밤새워 기도하면서 졸음과 싸우고 있었어
그런데 벽난로 속에서 향긋한 초콜릿 향이 나면서 이상하게 잠이 오지 않았지
수도사님은 불 속에서 검게 탄 빨간 열매를 꺼내어 물에 우려 마셨더니
머릿속이 깨끗해지고 기분이 좋아지며 기운이 솟는 것을 느끼게 되었어.

수도사님은 마을에 내려와 어른들에게 이야기했어
"착한 칼디가 참으로 훌륭한 일을 했습니다."
"칼디가 발견한 이 빨간 열매는 신이 주신 선물입니다."
"힘들고 지칠 때 이 열매를 끓여 먹으면 기운이 솟고 기분이 좋아질 겁니다."

어른들은 착한 칼디의 호기심 덕분에 신이 주신 선물을 찾았다고 칼디를 칭찬했어
칼디는 어른들 앞에서 칭찬받으니 기분이 너무 좋았어
이날부터 마을 사람들은 힘들고 지칠 때마다 빨간 열매를 끓여 먹었지
이후 사람들은 이 빨간 열매를 칼디가 사는 마을 카파의 이름을 따 커피라고 불렀어.

글 · 그림 박유선

Reader Essay Corner

구독자와 함께 만들어가는

에세이 코너입니다.

이번호의 이야기는 **커피**입니다.

커피에 대한 소소한 이야기를 소개합니다.

다음호의 이야기는 **여행**입니다.

여행에 대한 이야기와 여행 일러스트레이션을 함께

아래의 메일로 보내주시면

선정해서 독자에세이 코너에 실어드리며

소정의 사은품을 보내드립니다.

독자들의 많은 참여바랍니다.

독자투고 : sketchmind5@naver.com

@

Reader Essay Corner

My Coffee Story

에스프레소 뻬르 빠보레~!

글 · 그림 전다운

대학교를 가서 첫 카페에 입성했던 날, '테이크아웃'이란 말도 낯설었던 시절에 친구들 따라 커피 주문을 하였다. 처음 들어본 커피 이름에 머리가 어지럽고 쭈뼛쭈뼛해져 나는 뒤로 물러나 있었다. 친구들이 "니는 뭐 마실끼고?" 하는 질문에 "달달한거 아무거나"라고 대답하고 나면 내 손에는 카라멜 마끼아또가 들려있었다. 그렇게 달달한 커피에 입맛이 물릴 찰나에 누군가 나에게 "촌스럽게 마끼아또? 어른이면 아메리카노지" 하고 자신 있게 아메리카노를 호로록 마시는 모습을 보여주었다. '아차차 나도 이제 어른이지' 싶어 소위 어른의 맛인 아메리카노를 마시기 시작했다. 밥을 먹고 마시면 뭔가 모르게 깔끔한 맛이 나고 빵과 먹으면 빵의 맛이 더 풍미가 더 느껴지기 시작하였다. 점점 '테이크아웃'도 어색해하지 않고 자연스럽게 커피를 들고 나가게 되었다.

전 직장에서는 아침마다 직접 로스팅한 커피콩으로 커피를 내려 먹곤 했는데 아침마다 느껴지는 커피의 고소함이 내 등을 토닥여주는 것 같았다. 한번은 위가 좋지 않아 커피를 못 먹는다는 사람에게 안타까운 표정을 짓기도 하며 위가 좋아서 다행이라는 생각을 했다. 그러면서 내색하지 않고 위 속에 스며드는 커피를 느꼈다. 어느 개그맨이 커피를 쭉 마신 다음 따뜻함이 느껴질 때 스스로를 팔로

꽉 감싸 안으면 사랑하는 느낌이 든다고 하였다. 커피가 내 위 속으로 흐를 때 그런 비슷한 느낌이 느껴진다.

몇 년 전 이탈리아를 여행 중이었다. 이탈리아는 그 유명한 스타벅스가 없다는 얘기를 들었다. 한참 커피를 좋아할 때여서 동네 카페에 가서 "운 에스프레소 뻬르 빠보레~!"를 외치고 에스프레소를 한 번에 쭈욱 마셨는데 그 향은 어디서도 맡아보지 못한 거였다. 과연 스타벅스가 없는 이유를 알았다. 숙소 자판기에서 나온 에스프레소도 카페 못지않은 맛이었다. 커피의 향을 온전히 머금고 있으며, 처음은 써서 강렬하지만, 끝 맛은 고소하며 깔끔하였다.

새벽에 길을 가다가 이탈리아 할아버지가 크루아상과 에스프레소를 양손에 들고 행복하게 먹으며 나오는 것을 보고 자신 있게 그곳으로 들어갔다. 작은 잡화점이었는데 기본 크루아상 하나와 초코 크루아상 5개가 있었고 커피 기계가 하나 있었다. 다른 할아버지가 서 있기에 "운 디스 크루아상 에 우노 에스프레소 뻬르 빠보레!!!"하고 기본 크루아상을 가리키며 큰 소리로 외쳤다. 할아버지는 "씨~원유로! 그라찌에"하고 영어를 섞어 말해주었다. 이 가격에 커피와 금방 나온 뜨끈한 크루아상을 먹을 수 있다는 것에 감격하며 쌀쌀했던 새벽, 따뜻한 간식 타임을 보낼 수 있었다.

한국으로 돌아오는 길 가장 서운했던 건 현지의 에스프레소를 못 먹게 될지도 모르겠다는 것이었다. 한국으로 돌아와서는 한동안 에스프레소를 쓰리 샷으로 먹고도 만족하지 못했다. 그 뒤로는 집에서 핸드드립으로 쭉 커피를 내려 마셨다. 커피 전문점에서 원두를 갓 볶아 갈아서 사 오기도하고 마트에서 갈린 커피를 사기도 했는데 향이 쉽게 사라졌다. 그래서 볶은 커피콩을 사 와 수동 그라인더로 열심히 갈아 드립해서 마시고 있다. 가끔 자동 그라인더로도 갈기도 하지만 최고의 맛은 수동 그라인더에 핸드드립인 것 같다. 신맛, 고소한 맛 말고는 커피의 맛을 구분하지 못하고 전문적인 커피에 대한 것은 문외한이지만 커피는 나의 일상 일부가 되었고 매일 나의 마음을 쓰다듬어주는 친구가 되었다.

요즘 같은 시기에 멀리 여행을 가서 다양한 커피 맛을 보지 못하는 것이 슬프지만 커피를 좋아하는 사람들로 인해 국내의 커피 맛이 다양해져서 쉬이 맛볼 수 있게 되었다는 것은 참으로 행복하다.

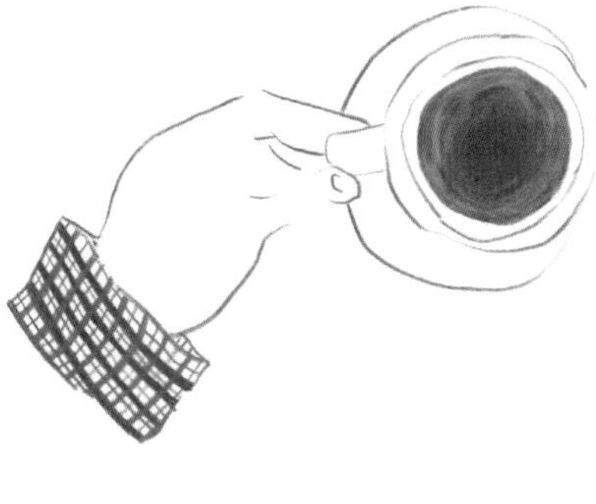

차와 커피

요즘 한창 늦가을인데도 하늘은 쨍하고, 푸른 가을 하늘이 아니라 새하얀 솜털이나 새의 깃털로 가득 차 있는 것 같기도 하고, 용이나 사슴 모양들을 한 엄청난 뭉게구름들이 피어오르거나, 연회색부터 진청색에 이르기까지 자연이 아니라면 만들 수 없는 색들로 피어난 구름의 자태에 반해서 한참을 들여다보게 된다. 구름의 변신은 끝이 없는 걸까? 이렇게 아름다운 계절에 어울리는 건 어떤 tea일까? 혹 어떤 커피일까?

우리나라는 뚜렷한 사계절이 있기에 더더욱 그 계절에 맞는 음료가 있는 듯하다. 날마다 tea와 함께하는 내게 사람들은 간혹 묻는다.

"커피는 안 마시고 tea만 마시나요?"

일상적으로는 주로 tea를 마시지만, 실은 드립 커피도 좋아한다. tea만큼 커피도 너무 매력적이기에 ;)

일 년의 사계절 가운데 특히 봄에서 여름으로 넘어가기 시작할 때쯤부터는 소위 말하는 차의 권태기가 찾아온다. 여름이 시작될 무렵에는 몸이 먼저 여름의 살짝 뜨거운 공기가 콧속에 들어오는 걸 감지하게 되고 길을 걷다가 문득 크고 흰 뭉게구름이 크게 솟아오르기 시작할 무렵이 되면 tea보다는 아이스 커피가 유달리 땡기기 시작한다. 특히나 운동 후에 마시는 아이스라떼의 맛이란! 어쩌면 내가 만드는 아이스 tea의 맛이 없기 때문이기도 한 것 같다.

그러다가 찬 바람이 불고 단풍이 들면서 낙엽이 지기 시작할 무렵이 되면 슬슬 tea를 또 꺼내 들고 마시기 시작한다. 점점 초겨울이 되면서 진눈깨비처럼 겨울비라도 내리거나, 추운 겨울을 지나고 이른 봄을 알리는 봄비가 오든지 할 때면 내리는 비를 보면서 차분히 앉아 드립커피를 내려서 마실 때의 그 고요한 행복감이란 이래저래 나는 tea와 커피 둘 다 좋아할 수밖에 없다.

tea든 커피든 그것이 인스턴트가 아니라면 둘 다 내겐 느리고도 정성 어린 과정을 거치면서 천천히 다정하게 스며들어 즐거움을 주는 선물 같은 존재란 걸 알아 버렸다.

글 · 그림 이경남

라떼는 말이야 (커피에 대한 단상)

글 · 그림 라라류

라떼는 말이야...

강의가 끝난 후 복도에서 마주치는 친구의 주머니를 뒤져서, 또는 가방 속에 찰랑거리는 동전들을 모아 복도 끝 커피 자판기 앞에 삼삼오오 모여들곤 했다. 동전 두어 개를 넣고 '지 이이이 잉' 하는 기계음이 끝날 즈음이면 따끈하고 달큰한 커피 한잔이 내려왔다. 그리고 고맙게도 남은 50원짜리 작은 동전이 내 손에 다시 떨어지곤 했다.

가끔은 선배들의 호의로 300원짜리 고급 프리미엄 커피를 마실 때도 있었다. 분명 같은 커피일진대 '프리미엄'이란 단어가 조금 더 맛이 있을 것만 같은 기분을 들게 했다.

자동판매기의 버튼 하나로 만들어졌던 그 진하고 달큰했던 커피 한잔이 세상 제일 맛있을 수가 없었다.

나 때(라떼)는 그랬다.

얼마 전, 졸업했던 대학교 근처에 일이 있어 갔다가 잠시 시간을 내어 산책 삼아 캠퍼스를 거닐었던 적이 있었다. 세월의 묵은 때를 말끔히 씻어 버린 건물들과 캠퍼스 이곳저곳의 바뀐 풍경들이 낯설게만 느껴진 곳곳에, 그때의 복도 끝 커피 자동판매기 자리에 작은 테이크아웃 커피점들이 대신 자리를 잡고 있었다.

그 손바닥만 한 하얀 작은 종이컵의 달달했던 그 커피는 이제 색 바랜 "나 때의 (라떼의)" 기억이 되어, "나 때는 말이야, 이런 거 마셨었어~우린 그랬었지!" 하는 낭만적인 무용담의 한 페이지 어디쯤 적힐 추억이 되어 버린 것이다.

이제는 투명한 플라스틱 컵에, 또는 알록달록 예쁜 색의 종이컵에, 또는 투박해 보이는 텀블러에 얼음이 달그락거리는 쌉싸름한 아이스커피를 마시거나, 이름만으로는 무슨 맛인지 먹어보기 전엔 그 맛을 가늠하기도 어려운 진한 거품 가득한 커피들을 마시고 있다.

천 원짜리 한 장으로도 마실 수 있는 커피부터, 밥 안 먹어도 배부를 만큼의 한 끼 식사 가격의 커피까지, 마시는 방법도 이름도 다양한 커피들로 가득한 커피점들이 즐비한 거리를 거닐다 보면, 커피의 전성시대가 바로 지금이 아니고 언제겠는가 하는 시대의 확고함도 가지게 된다.

언젠가 또 다른 시간의 한 뭉치가 흐른 뒤 지금을 되돌아보는 날엔, 이 순간의 우리들의 커피에 대한 추억들이 또 다른 색 바랜 '라떼의' 기억으로 읊어지고 있겠지.

라떼는 말이야··· 우린 그랬었지···

커피 에세이

글 · 그림 김성아

지금부터 솔직하게 얘기할 게
짐작했겠지만 … 네가 처음은 아니야
알다시피 내가 좀 조숙했잖니
제일 처음 만났던 그 아인 우리 집에 같이 살았어
코 파먹던 기억부터였으니 아주 어릴 때부터 같이 살았나 봐
따뜻하고 향기로운 그 아일 엄마가 참 많이 좋아했지
이름도 예뻤어 … 보리(麥보리맥)의 마음(心마음심) …
그리고 어느 순간, 나는 알아버렸지
그 아이한테서는 나는 익숙한 향
우리 중에 기차 연필깎이를 제일 먼저 가지고 있던 친구의
그 부티 좔좔 흐르는 향 …
그래 맞아, 친구가 얄밉게 혼자 먹던 스카치 캔디! 그 향이었어
그때부터 어쩌면, 나는 그 아이를 좋아하게 될지도 모르겠다고 생각했지

나는 그렇게 그 애와 헤어짐도 없이 또 다른 아이를 만났어.
도서관 앞에서 나를 기다리더라고 …
단단하지만 부드러운 곡선 세련된 비주얼의 그 아이가
그 애는 이름처럼 뭐든 할 것 같았어
그리고는 쿵! 열정적으로 나에게 떨어졌지 …
첫 만남부터 요란했고, 내 관심을 끌 수밖에 없었어
내 손을 잡아주더라 여름엔 차갑게, 겨울엔 뜨겁게 …
톡~! 머리를 잡아당길 때 느껴지는 약간의 쾌감까지 선사하며 …
하지만 눈높이를 맞추다가도 가지려면 내가 항상 굽혀야만 했었지
가끔은 어느 한 곳이 찌그러져 있기도 했어
그리고 요구하는 500원 …
어렸던 나는 500원에 뒤돌아서기도 했었어
그런 불편함과 위태로움 속에서 너를 알게 된 거야

너는 늘 냉정했어
정신 차리라며 쓴맛을 제대로 보여줬지 …
스윗함이라고는 하나도 없었어
어? 어? 너는 나 배고프지 말라고 우유 한 모금 주길 했니,
힘내라고 캐러멜 하나 주길 했니?
부드러운 생크림도, 폭신폭신한 거품도,
하다못해 바닐라 향도 없으면서!
뭐 하나 가진 것도 없이 스펙 제일 떨어지는 네가!!!
하지만 오늘도 별다방에 들어가 이것저것 고민하다
결국 너를 찾는다. 아침에 일어나서 제일 먼저 생각나는 너
밥 먹고 나서도 네가 생각나
배부를 때 더 생각나더라
알지? 케이크는 꼭 너랑 같이 먹어야 더 맛있다는 거
피곤할 땐 네가 있어 줘서 얼마나 고마운지
매정하긴 하지만 너는 뒤끝도 없고 처음이나 끝이 한결같지
알면 알수록 매력적이야
향기로웠던 맥심도 세련됐던 캔커피도 이제 다 소용없고,
너밖에 없다. 아메리카노야♡

요즘 너 길에서 자주 보는데 가격 아주 착해졌더라
가져가면 1,500원 ^^

커피나무와 도토리, 그리고 뱀딸기

글 · 그림 권남이

우리 집에는 2년 전 들인 화분이 하나 있다. 바깥 활동을 좋아하는 나와 4살 난 아들에겐 갑자기 들이닥친 코로나 우울증이 몰려왔다. 그때 들인 화분 중 하나가 커피나무다. 갈색빛의 흙에서 올라온 초록색 이파리가 조금 위로가 된다고 해야 할까? 열심히 물 주고 들여다보니 여섯 개의 이파리가 여덟 개가 되고 열 개가 되며 자라는 모습에 거는 기대가 점점 커지고 있었다. 이 작고 여린 아기 모종이 커서 꽃을 피우고 열매를 맺기를 기대하고 있었다. 내가 하루에 몇 번씩 화분을 들여다보고 있으니 4살 아들도 같이 화분을 들여다보는 시간이 많아졌다. 그러나 아무리 기다려도 초록색 이파리만 보이지 다른 건 보이지가 않았다. 그러다 나와 4살 아들의 관심에서 점점 멀어졌다.

화분의 어린 모종은 처음에 우리 집에 왔을 때보다 키는 조금 자랐지만 열두 개의 이파리에서 더는 새잎을 보이지 않고 맨 아래 이파리의 끝이 갈색으로 되더니 두 개의 이파리가 누렇게 되며 떨어져 버렸다. 그렇게 작은 화분은 우리 집에서 2년째 살고 있다.

그러던 어느 날 6살이 된 아들이 커피 화분에 관심을 기울이기 시작했다. 화분이 있는 베란다에 가서는 뭐라고 얘기를 하는 모습이 자주 눈에 들어왔다. 별로 대수롭지 않게 생각하던 어느 날 화분의 흙에서 뭔가가 보이기 시작했다. 그건 초록색의 새싹들이었다. 나는 그제야 6살 아들을 불러 물어보았다.

"승유야, 이 새싹들은 뭘까?"
"그건 체리 친구들이야. 내가 체리 심심할까 봐 친구들을 넣어놨거든"
아이는 손가락을 짚으며
"이건 뱀딸기고, 이건 도토리야!"

아이는 어린이집 산책 갔을 때 뱀딸기와 도토리 열매를 주머니에 넣어와서 화분에 심어놓은 것이다. 나에게는 잘 자라지 않아 잊혔던 화분이 6살 아이는 체리라는 이름을 지어주고 친구들을 만들어 주며 계속 관심을 쏟고 있었던 거다.

그날부로 난 체리라는 이름의 커피나무 화분에 영양제도 꽂아주고 아이가 심어둔 새싹들이 잘 자라는지 살펴보는 게 일과가 되었다. 6살 아이는 화분의 뱀딸기 새싹이 쭉쭉 자라서 열매를 많이 맺고 도토리 새싹이 숲에서 본 그 나무들처럼 키가 커지기를 기대하고 있다. 나는 작고 여린 커피나무 모종이 자라서 커피 열매를 수확해서 그윽하고 고소한 풍미를 가득 채운 커피를 내려 마시는 상상을 한다. 아이와 나는 각자 다른 상상을 하며 오늘도 커피 화분을 같이 쳐다본다.

하루

글 · 그림 쑤기

여행길 부족함이 없는 하루였다.
잠시 머물고 싶은 곳은 쉬었고, 걷고 싶은 곳은 걸었다.
싱그러운 풀 내음과 바람 소리는 여름을 맞이할 준비를 했고 별것도 아닌 것에도
우리는 함께 웃었다. 한 남자의 아내, 아이들의 엄마가 아닌 그녀들이 되어
어렵게 시작한 여행길로 도망치듯 현실에서 탈출했다.

저녁 준비를 하는데도 마냥 신난 그녀들을 뒤로한 채
사색에 빠져든 나를 커피가 유혹한다.
오랜만에 여유롭게 커피 한잔을 들고 자동차 트렁크에 걸터앉았다.
일회용 컵이었지만 한 모금의 커피는 입안 가득 커피 향으로 채워졌고
그 풍요로움은 입가의 미소가 되어 퍼진다.

"야~ 밤에 잠 못 잔다. 폼 잡지 말고 여기 와서 파 썰어~"
"얘는 그냥 둬라, 혼자 분위기 좀 잡게 혹시 아니?" 깔깔깔
지금, 이 순간이 정말 감사하며 행복하다.

옆에 차박을 즐기러 온 젊은 연인을 보니
가슴속 깊은 곳에서 '그'라는 옹달샘이 꿈틀거리며 솟아오른다.
미간을 찌푸려 눌러보려고 하지만 어느새 그 기억 속에 멈춰 서 있다.
지금처럼 차박이 유행하던 시절도 아니었지만, 그와 나는 차를 이용한 데이트를 즐겼다.
붉은 노을을 좋아한 그는 석양이 좋은 서해를 좋아했고,
고즈넉한 곳에 주차하고, 진하게 커피를 타서 내게 건네곤 했다.
그러면 나는 미소로 답했고
그는 "커피 향과 하나가 되어 자기를 취하게 만들어 버린다"고 말했다.
유난히 커피를 좋아했던 그였다.
어느 자락에서 멈출지 몰랐지만, 그와 함께라면 늘 함께하고 싶었고,
우리의 노년도 저 노을빛처럼 아름답게 빛날 줄 알았다.
그가 좋아했던 커피 이상으로 그에겐 내가 커피향일 거란 생각은 착각이었을까.....

뒤따라온 그는 "이렇게 카페를 하고 있으면 언젠가는 한 번 만날 줄 알았다고..."
그러나 문자 하나 달랑 남기고 떠난 그를 나는 기다리지 못했고,
아픔을 딛고 일어설 수 있게 해준 또 다른 사람이 내 옆에 있었다.
이제는 돌아갈 수 없을 만큼 너무 멀리 와 버렸다.

뉘엿 뉘엿 넘어가며 마지막 정열을 태우고 있는 저 태양처럼
내 삶의 저녁도 저 노을처럼 아름다운 색으로 빛날 수 있을까?
후회스런 시간과 행복했던 시간들이 모여 지금의 '나'가 되어 간다.
이제는 돌아가야 한다. 사랑스런 아이들과 버팀목으로 서 있는 또 다른 '그'에게
그리고 각자의 아픔을 간직한 채 또 하루를 보내고 있는 친구들에게
황금빛으로 물든 저녁노을은 우리를 더 빛나게 하길 기대하면서
하루를 또 보낸다.

동상이몽

글 · 그림 다해

이십 대 중반 여자와 남자는 3년에 가까운 시간을 함께 보냈다. 그리고 이별한 지 벌써 2년이 지났다.

그녀를 처음 만난 건 군 제대 복학 후 친구 놈 대신 나간 소개팅이었고 기대 이상이었다. 담배 한 대 피우기 위한 수단으로 커피 한 잔을 마시며 그녀의 이야기를 경청했다. 어쩌다 숭늉 마시듯 들이켰던 아이스아메리카노는 그날 이후 습관이 되었다. 우린 가끔 다투기도 했지만, 서로를 정말 사랑했다. 그녀가 나를 올려다보며 웃는 모습도 가끔의 애교도 모든 게 사랑스러웠다.

하지만 이별은 순식간에 우리 곁으로 다가왔고 사실 내가 이별을 앞당겼다. 가끔은 친구들과 있는 게 편했고, 술 한잔하다 보면 그녀와의 연락도 소홀히 생각했다. 이런 상황이 몇 번 이어지면서 우리는 짧은 이별과 만남을 반복했다. 마지막 이별은 2년이 지난 지금도 진행 중이다. 사랑 노래, 이별 노래를 들으면 언제나 그녀가 생각났고 나에게 가장 행복했던 추억이 되었다. 습관이 된 아이스아메리카노를 마시다 보면 가끔 그녀에게 연락했고 그녀는 받지 않을 때도 있었다. 잘 지내고 있는지 친한 오빠, 동생 사이로 지낼 수도 있겠다고 생각했다. 하지만 그녀는 지금 남자친구한테 미안해서 안 되겠다는 이유로 만남을 취소했다. 약속하긴 했지만, 그녀가 지금 만나고 있는 남자 놈을 생각하면 충분히 이해됐다.

그를 처음 만난 건 후배의 간절한 부탁으로 나간 소개팅에서였다. 뜨거운 아메리카노를 홀짝거리며 이 남자의 좋은 점 나쁜 점을 천천히 감별했다. 술은 속을 너무 쉽게 드러낼 수 있고 눈치 없게 파고들 여지를 줄 수도 있으니 남자를 채집하기에는 뜨거운 커피 한잔이 적당했다. 별 기대 없이 만나서 그런지 괜찮은 사람이라는 생각이 들었고 함께 하는 시간도 즐거웠다. 그날부터 그는 나만의 남자가 되었다. 우린 가끔 다투기도 했지만, 서로를 정말 사랑했다. 그가 나를 내려다보며 미소 짓는 모습도 어디서든지 예의 바른 태도도 늘 명확히 가진 확신도 모든 게 좋았다.

하지만 이별은 순식간에 우리 곁으로 다가왔다. 그는 친구들과의 술 약속이 있는 날은 연락이 잘 안됐고 그런 상황이 반복될 때마다 지쳐갔다. 우리는 짧게 이별하고 또 짧게 다시 만났다. 세 번째 이별은 그와 나의 마지막 이별이 되었고, 나는 다른 남자 친구를 만났다. 그는 가끔 연락했고, 그 연락은 드문드문 2년이 넘도록 반복됐다.

뭐가 아쉬워서 그렇게 아파하고 울면서 그를 만났을까 하는 후회가 들었다. 만나면 반가울 것 같아서 몇 번 약속을 잡았지만, 매번 남자친구에게 미안해서라는 핑계를 대고 만남을 취소했다. 그렇게 나를 아프게 했던 사람과 다시 만난다거나 친한 오빠, 동생 사이로 지낼 수는 없었다. 그래도 내가 사랑했던 사람이 앞으로 더 좋은 더 예쁜 일만 있으면서 건강하고 행복하게 지내길 빈다.

그는 그녀와의 아름다웠던 순간을 추억하고, 그녀는 그와의 힘들었던 순간을 기억한다.

그래서 그는 가끔 그녀가 보고 싶다. 습관이 된 아이스아메리카노와 함께 가끔 나를 행복하게 하던 그녀가 생각난다. 친구로 편하게 지낼 수도 있을 것 같다. 오랜 시간 그렇게 서로 사랑했는데 남은 평생을 굳이 남으로 지내야 하나 싶기도 하다. 그래도 그녀가 지금 행복하다면 끼어들고 싶지는 않다.

그래서 그녀는 가끔 그가 떠오른다. 지금 옆에 있는 남자친구와 커피 한잔을 홀짝거리다가도 나를 아프게 했던 그놈 얼굴이 생각난다. 절대 다시 만나고 싶지 않다. 오랜 시간 동안 그렇게 아파했는데 굳이 남은 평생에서는 알고 지내고 싶지 않다. 그래도 그놈이 좋은 여자 만나 잘 살았으면 좋겠다.

내 사랑, 커피!

글 · 그림 이지선

워낙 커피를 좋아해서 아침에 눈 뜨자마자 커피 한 잔, 잠들기 전 한 잔을 마신다. 하루의 시작과 끝을 같이하는 셈이다. 그날도 논문을 쓴다고 컴퓨터와 씨름을 하다가 안구 정화도 할 겸 주변을 둘러보았다. 널브러진 책과 산처럼 쌓인 논문 복사 용지를 배경으로 내 컴퓨터 옆에 놓인 바닐라 라테가 눈에 들어왔다. 바라만 봐도 편안함이 느껴지는 '오아시스 같은 커피'. '나는 오늘 어떤 커피들을 얼마만큼 마셨을까?' 문득 궁금해졌다. 아무 종이에 커피의 하루를 그림으로 그렸다. 오늘 아침에 일어나서 맥심커피, 운전하면서 삼각 커피 우유, 일하면서 바닐라 라테, 점심 후 캐러멜 마키아토, 저녁 식사 후 캔 커피, 잠들기 전 맥심커피. 싸구려 커피부터 전문점의 커피까지 종류도 가지각색이었다. 그런데 이상하리만큼 온종일 먹는 커피에 아메리카노는 없다.

어느 날 라디오에서 10cm의 <아메리카노>, 프리드먼의 <얼죽아> 노래가 흘러나왔다. 가사를 들어보니 커피를 얼마나 좋아하면 작곡했을까 싶다. 나만큼 커피를 좋아하는 사람들이 곡을 만들었나 보다. 부럽기도 하다. 곡은 너무 유쾌하고 재밌어 좋아하지만, 반감이 생긴다. 왜냐하면 나는 아메리카노와 친하지 않으니까.

♪ 아메 아메 아메 아메 아메리카노 좋아 좋아 좋아~ 아메리카노 진해 진해 진해~
어떻게 하노 시럽 시럽 시럽~ 빼고 주세요 빼고 주세요~ ♬

"나는 무조건 시럽! 넣어 주세요."

♪ 여름이니까 아이스 아메리카노를 마셔요
겨울이니까 아이스 아메리카노를 마셔요
얼어 죽어도 아이스 아메리카노
얼어 죽어도 아이스 아메리카노
아메리카노는 얼음이 필수요 ♬

"아니야, 여름에도 커피는 죽어도 핫이지...!"

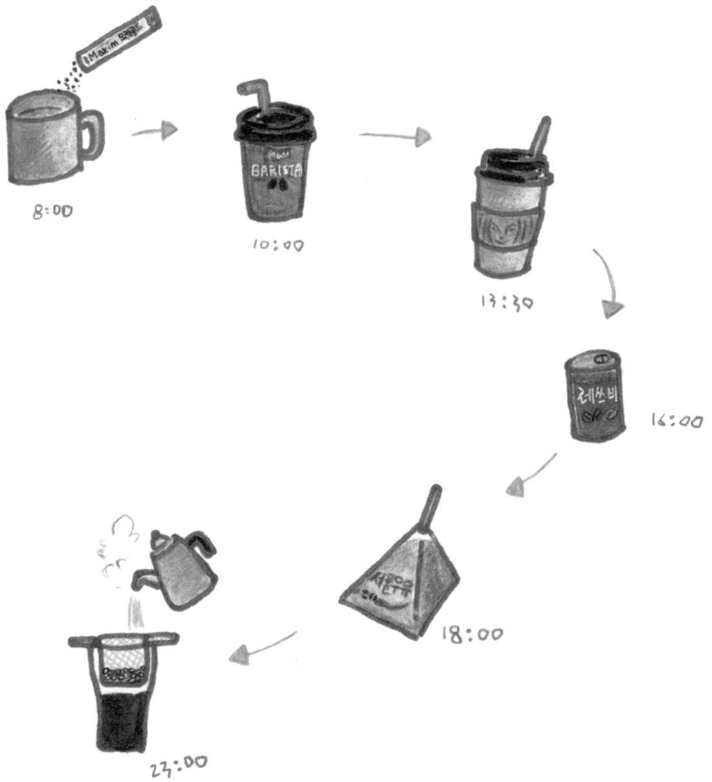

1. 탈취제

커피에는 냄새를 흡수하는 성분이 있다. 이러한 성질을 활용해 찌꺼기를 신발장이나 화장실 등에 두면 탈취 효과를 기대할 수 있다. 대신 물기를 잘 말려서 신발장, 냉장고, 옷장, 차 안 등의 탈취제로 이용해야 한다.

2. 기름기 제거

면포에 커피 찌꺼기를 담거나 세제에 조금 섞어서 문지르면 기름때와 묵은 때를 쉽게 제거할 수 있다. 특히 고기나 생선을 구운 프라이팬, 그릇 등에 묻어 있는 기름기를 제거하는데 탁월하다. 프라이팬에 기름기가 너무 많을 때는 물과 커피 찌꺼기를 함께 넣고 끓여준 후 세척하면 된다.

커피 찌꺼기

버리는 대신 재활용하기

글 · 그림 박유선

3. 식물비료로 사용

커피를 내린 후에도 원두에는 각종 무기질과 단백질, 미생물 등이 포함되어 있어서 양질의 영양분 제공이 가능하다. 커피 찌꺼기를 비료에 사용하면 병충해를 방지하고 영양분이 높은 천연비료가 된다. 식물 비료로 사용할 때는 커피와 흙의 비율을 1:9로 맞추면 된다.

4. 각질제거

커피 가루는 미세하게 각진 형태로 이루어져 있다. 그래서 피부에 쌓여있는 각질과 셀룰라이트 제거에 도움이 된다. 세안이나 입욕 시 커피 찌꺼기를 넣고 마사지하듯이 살살 문질러 주면 된다. 설탕이나 꿀을 함께 섞어서 이용하면 보습 효과까지 기대할 수 있다.

5. 다크서클 완화

눈 밑의 다크서클을 제거하는 데 커피 찌꺼기를 이용하면 커피 속에 포함된 카페인이 혈액 순환을 개선하여 부은 눈 개선에 효과를 준다. 커피 찌꺼기에 물이나 올리브오일을 섞은 뒤 눈 주위에 살짝 올려서 15분 정도 기다렸다가 씻어내면 된다.

6. 벌레도 커피 찌꺼기로 퇴치

모기, 초파리, 개미 등은 커피를 싫어한다. 곤충이 들어올 수 있는 창문이나 문 쪽에 커피 찌꺼기를 한 컵 정도 놓아본다. 놓아두는 것만으로도 벌레를 퇴치하는 효과를 기대할 수 있다.

한국인들이 가장 많이 먹는 것이 이제는 밥이 아닌 커피라고 한다.
한국뿐 아니라 세계에서도 가장 많이 거래되는 품목 중 하나이며, 세계에서 가장 많이 소비되는 기호식품 중 하나가 되었다. 커피의 소비가 많아짐에 따라 한해 커피 찌꺼기의 발생량은 점점 늘어나고 있는데 약 35만 톤(2021. 환경부 기준)에 이른다. 커피 찌꺼기의 대부분은 소각 혹은 매립되는데 그 비용(35만 톤 기준 약 350억)이 만만치 않을 뿐 아니라 탄소와 온실가스 발생 등 환경적인 측면에서도 큰 문제가 되고 있다. 아직 커피 찌꺼기의 재활용은 매우 미미한 수준이다. 게다가 커피 찌꺼기가 재활용 자원이 된다는 국민 인식도 부족하다. 커피 찌꺼기를 토양에 그냥 버리면 토양을 산성화시켜서 지렁이까지도 죽일 수 있지만 잘 사용한다면 영양분이 많은 유기물이 될 수도 있다. 지자체에서도 재활용 방안을 연구하고 도입하고 있는 이때 우리가 할 수 있는 일상의 노력으로 지구의 건강을 지키는 데 도움이 되었으면 한다.

7. 고양이 모래로 활용

커피 찌꺼기를 이용해 만든 커피 펠릿(기계로 압착하여 만든 사료, 제품 등을 이름)은 모래보다 큰 입자로 고양이의 건강에도 좋고 기존 모래와 섞어 사용하기 때문에 배변 냄새 등의 제거에 탁월하다. 집에 있는 사료에 커피 찌꺼기를 넣는다면 고양이가 싫어할 수도 있으니 시중에 나와 있는 제품을 이용하는 것을 추천한다.

8. 커피샴푸

커피 샴푸의 효능은 이미 많이 알려져 있다. 카페인을 과다 섭취하면 탈모의 원인이 되지만 적정량의 카페인은 두피의 탈모도 예방하고 모발도 건강하게 만든다. 직접 만든 커피 샴푸에 커피 찌꺼기를 0.5 ts 넣어서 사용하면 두피에 남아있는 각질이나 이물질 제거 효과를 더해준다. (커피 샴푸는 커피 : 물 : 식용유 : 꿀 : 샴푸 = 3 : 3 : 1 : 1 : 2로 만든다)

MAGAZINE **DRAW.**

발행인 Publisher
오동규

편집장 Editor in Chief
오정순

편집디자인 Editorial Design
김진형
이소영

에디터 Editor
숙헌
김동미
치옹타옹
박선영
서준
박유선
이지선

마케팅 Marketing
김현우

발행 Publishing
2022년 7월 7일 창간 및 초판 1쇄 발행

도서출판 화심헌
출판등록일 2019년 5월 21일
(제019-000022호)
부산시 해운대구 해운대로 383번길 169, 2층

ISSN 2951-0252
ISBN 979-11-968381-5-7 03070

www.busanillust.com
sketchmind5@naver.com

Copyrights

다음에 발행되는 2호의 주제는 여행입니다.
독자에세이 코너에 투고하고자 하시는 분은 여행관련 글과 그림을 아래의 메일로 보내주시면 선정해서 독자에세이 코너에 실어드리며 소정의 사은품을 드립니다.
sketchmind5@naver.com

instagram @magazine_draw